# 呪いと邪教

JN222208

辻本 臣哉

# はじめに

マンガ『呪術廻戦』は、たいへんな人気となり、アニメ化され、テレビや映画でも多くのファンを獲得しています。古くは、密教世界をモチーフとしたマンガ『孔雀王』も人気を得ていました。また、陰陽師安倍晴明も、何度となくテレビドラマ化や映画化されています。現代のように科学が発達した時代であっても、呪詛はどうして私たちを引きつけるのでしょうか。いつの時代になっても、人を恨むといった人間のネガティブな感情がなくならないのでしょう。まさに、人間の業のようなものかもしれません。本書では、こうした呪詛や、それと関連した邪教について、歴史の流れの中で見ていきたいと思います。

日本の呪詛や邪教は、日本独自と言うよりも、インドや中国から入ってきた宗教の影響を受け、変容しながら発展してきたと言えます。まず、古代には中国から呪禁道が入ってきます。そして、道教などの影響を受けた陰陽道が日本で独自に発展します。とくに平安時代には、貴族を中心に厚い信仰を集めます。一方、空海がインド・中国と渡ってきた密教を日本にもたらします。その後、空海の真言宗だけでなく、円仁や円珍が唐に留学し、天台宗でも密教が盛んになります。そのため、この陰陽道と密教が呪詛の中心となっていきます。とくに密教では、平将門に対し、国家的な呪詛が行われました。陰陽道や密教は国家主導のものですが、草の根からは呪詛の担い手として修験道が出てきます。ただし、修験道は日本独自のものというよりは、日本の山岳信仰に密教、陰陽道、道教、神道などが加わったハイブリッドのようなものです。

本書では、こうした陰陽道、密教、修験道といった分類もできない呪詛についてもご紹介します。また、日本でこのようにたくさんの種類の呪詛が生まれるきっかけとなった御霊信仰についてもお話しします。さらには、呪詛を行った僧についても注目します。

呪詛を行う際の本尊は、仏、菩薩、明王、神などですが、その中には、得体のしれない神様が祀られることもあります。こうした怖い神様もご紹介したいと思います。また、こうした本尊と一体となって、邪教とされる集団が形成されましたので、これらについてもお話しします。その邪教の中には、あまりにも異様なものがあり、どうも日本の呪詛の伝統から外れるものもあります。これについては、そのルーツとなったと考えられますインド後期密教についてもご紹介します。最後に、現存する呪術について付記して、本書を終わりたいと思います。

# 目次

吉良上野介と陰陽師

## 第四章　密教 …… 44

タントリズム
仏・菩薩による修法、如意輪観音
明王による呪詛
降三世明王
軍荼利明王
烏枢沙摩明王 (うすさまみょうおう)
大元帥明王 (だいげんみょうおう)
三尊合行法
摩利支天 (まりしてん)
六字経法
転法輪法

密教修法
六観音
不動明王
大威徳明王
金剛夜叉明王
五壇法
愛染明王
執金剛神 (しゅこんごうじん)
深沙大将 (じんじゃだいしょう)
尊勝法
阿尾奢法 (あびしゃほう)

## 第五章　怪しい僧たち …… 79

空海　〜呪詛合戦〜
尊意　〜菅原道真の怨霊と対決〜
仁海 (にんがい) 〜肉食の僧〜
深覚 (じんがく) 〜プレッシャーの中での祈雨の祈祷〜
文観 (もんかん) 〜邪教の妖僧〜 (濡れ衣)
祐天　〜悪霊に念仏を勧める〜

相応　〜生身の不動明王〜
性信　〜神を呪縛する僧〜
余慶 (よけい) 〜醜聞を広めた相手を悶絶〜
忠快 (ちゅうかい) 〜天狗と対話〜
天阿上人 (てんなしょうにん) 〜荼枳尼天の修法〜
竹田黙雷 (たけだもくらい) 〜神様を恐喝する僧

# 第一章　古代の呪詛

## ◆『古事記』、『日本書紀』の呪術

日本古来の呪詛と言いますと、『古事記』や『日本書紀』にまで遡ることになります。その中で、とくに有名なのは、イザナミノミコトの呪詛です。イザナキノミコトとイザナミノミコトの夫婦によって、日本は誕生します。しかし、イザナミノミコトが火の神イカズチを生んだときに死んでしまいます。夫であるイザナキノミコトは、イザナミノミコトを連れて帰るため、黄泉の国に行きます。イザナキノミコトは、イザナミノミコトに会うことできましたが、姿を見るなという約束をやぶってしまい、怖ろしい妻の姿を見てしまいます。怒ったイザナミノミコトは手下とともに、イザナキノミコトを追います。イザナキノミコトは、なんとか逃げることができたのですが、イザナミノミコトは呪いの言葉を発します。すなわち、一日に千人を呪い殺すと言いました。これに対し、イザナキノミコトは一日に千五百人を産むと言い返します。二人の呪詛を考えますと、一日に五百人日本人が増えることになります。そのため、日本の人口は増えていきました。ところが、現在少子化で、人口減を迎えています。イザナミノミコトの呪詛は生きていて、イザナキノミコトの呪術が弱まってきているのでしょうか。

また、日本独自の呪詛の例として、和気王事件があります。時代はだいぶ下がります。天武天皇（生年不詳〜六八六）の曾孫、和気王（生年不詳〜七六五）は、七六五年に皇位を狙った謀反で捕まり、伊豆へ配流の途中絞殺されました。この謀反の理由が、当時の為政者であった称徳天皇と道鏡に対する呪詛です。当時有名な巫女であった紀益女が、この呪詛を担当していました。

その方法が、ユニークです。和気王の祖先の霊（舎人親王等）に依頼するのです。そして、願いが成就すれば、遠くに流された舎人親王等の子孫を都に呼び戻して、天皇の臣下にするという約束をします。つまり、霊と取引をするようなものです。しかし、この呪詛が発覚し、和気王や紀益女は、殺されることになります。何も兵を動かしたわけではないのですが、呪詛もりっぱな罪となります。その後の歴史でも、呪詛の罪で捕らえられる事件は、数多くあります。中には、政治的な意図で濡れ衣をきせられたものもたくさんあったと思われます。呪詛が犯罪となることとは、外来から来た呪術も同じです。次に、外来の呪禁道についてお話しします。

## ◆呪禁道

呪術は、どの民族でもたいへん重要な役割をはたしてきました。それぞれオリジナルな呪術があり、また現在でも呪術がたいへん重要視されている民族もあります。

日本も、お話しましたイザナミノミコトの呪詛のようなオリジナルの呪術がありますが、外来のものが主流となっていきます。『日本書紀』敏達天皇六年条には、日本最古の外来の呪術師の来訪が記されています。百済王が仏教関係者とともに、呪禁師（じゅごんし）と呼ばれる呪術者を送っています。この呪禁師は、その後、日本で育成され、国家にとって重要なポジションを得ます。

ただ、呪禁師は、道教の影響が強いと言われています。敏達天皇六年条に記載された呪禁師は、仏教関係者とともに渡来していますので、仏教系の呪術である可能性が高いです。そのため、この時の仏教系の呪術と、その後の道教系の呪禁師の継続性についてはよくわかっていません。ただ、日本では、仏教系の密教の呪術や、道教系の陰陽道が並び立ちますので、一部は混在しながら受け継がれていったのではないでしょうか。

この呪禁道は、呪術によって病気を防ぐために用いられました。呪禁師は官人で、宮内省管轄の典薬寮に属していました。まさに、医者として重宝されていたのかもしれません。

ところが、奈良時代末期、厭魅蠱毒（えんみこどく）事件が数多く起りました。厭魅は人型を使った呪詛で、蠱毒は害虫などを殺し合わせて行う呪詛です。朝廷は、こうした呪禁道への禁止令を出すとともに、行った者を罰しました。中には、濡れ衣もあったかもしれません。その結果、呪禁道が危険視され、衰退していったと言われています。反対に、陰陽道がそれに代わって発展していきます。ただし、厭魅蠱毒が、はたして本来の呪禁道であったかどうかは疑問があります。スケープゴートにあったのかもしれません。厭魅蠱毒の多くは、中国に由来していますので、呪禁道との連想は働きやすいからです。

## ◆厭魅（えんみ）

厭魅蠱毒のうち厭魅は、有名な丑の刻参りなど、ワラ人形を使った呪詛の起源となっています。また、神道、仏教、陰陽道などにも一部取り入れられており、日本の呪詛の原型と言えるかもしれません。まず、呪う相手の人形をつくります。その人形に、その相手の身体の一部、その多くは髪の毛などを入れます。そして、人形を責めたてるというものです。責めたてる人形の部位によって、その相手もその部分が痛みます。例えば、人形の頭を責めたてると、相手の頭も痛むというものです。

厭魅は蠱毒とともに禁止になりましたが、密かに続き、また、他の宗教にも吸収され、形を変えて存続しました。平城京や平安京跡で、こうした人形が発掘されています。それらの調査からわかったのですが、その多くが、相手を呪詛するために使われたものだそうです。いつの時代も変わらない、人間の業の深さを感じさせます。

## ◆蠱毒（こどく）

呪術道禁止令の原因となった蠱毒についても、もう少し詳しく見てみましょう。蠱毒は、中国から伝わった怖ろしい呪術です。もともとは、毒を持った虫や爬虫類を使った呪術です。トカゲ、ヘビ、ガマ、クモ、ムカデなどをかめに閉じ込め、殺し合いをさせます。勝ち残った一匹が、蠱毒となります。この蠱毒を呪いの対象となる人に食べさせる、あるいは、その人の家の下に埋めます。蠱毒を食べさせるのは、単なる毒殺のように思われますが、家の下に埋めるのは呪術らしいです。呪われた人は、死に至ります。また、その財産が、呪った人に奪われると言われています。

当時の中国では、この蠱毒を使って人を呪った場合は、死刑になったそうです。それほど、怖れられていた呪術だったと考えられます。そのため、日本でも罰せられるようになります。

この蠱毒も、厭魅と同様、禁止になっても密かに継承されていきます。そして、日本で独自の発展をしていきます。すなわち、虫や爬虫類以外に犬などの動物を使うものが出てきます。いわゆる、犬神といったものになります。犬神につきましては、別の章で改めてご紹介します。

ここでは、中国の蠱毒の一種、猫鬼（びょうき）についてご紹介します。近所に一歳くらいの子供が亡くなると、飼っていた猫を殺し、子供と猫の死体の首を斬りおとして、猫の体内に子供の首を入れるという、とんでもない残酷なことをします。すると、この猫は蘇り、ターゲットである人を殺し、その財産を奪うというものでした。猫鬼は、人に憑いて、その内臓を食うと言われています。中国の隋の時代、この猫鬼を使った事件が頻繁に起り、政府は取り締まるようになりました。日本が蠱毒を禁止したのと同じです。それにしても、猫にとってもとんでもない呪詛です。

## ◆四天王法

外来の呪術と言えば、やはり仏教から来たものとなります。その中の一つ、四天王法は戦争にも使われ、たいへん強力です。四天王は、東方の持国天（じこくてん）、南方の増長天（ぞうちょうてん）、西方の広目天（こうもくてん）、北方の多聞天（たもんてん）の四尊で、三宝を守護しています。この四天王を祀った修法が、四天王法で、主に軍事目的に用いられました。

蘇我氏と物部氏の戦いで、蘇我氏側の聖徳太子（五七四〜六二二）が、四天王の像をつくり、戦勝を祈願したのがはじまりです。聖徳太子は、この戦いの勝利のお礼に、四天王寺を建てたと伝わっています。その後、この四天王法は、新羅との戦いにも用いられました。さらには、時代は下がりますが、平将門への呪詛でも登場します。朝廷の勅命で、延暦寺の明達（八七七〜九五五）を美濃国中山南神宮寺に派遣して、この調伏四天王法を行わせました。この中山南神宮寺は、明治時代初期の神仏分離に伴い廃絶しましたので、現在は見ることができません。四天王が祀られていたのでしょうか。

## ◆聖徳太子の呪い

仏教と深い関係にあり、また、太子信仰の対象ともなっています聖徳太子ですが、祟りや呪いといった都市伝説も存在します。例えば、法隆寺夢殿の救世観音像は、太子の等身大の像であると伝わっています。この夢殿は、太子の営んだ斑鳩宮の旧地に建てられています。梅原猛氏の『隠された十字架』では、この像が太子の怨霊を表していると説いています。王権が太子の子孫を抹殺したことにより、太子の怨霊を怖れて、それを封じるために法隆寺が建てられたというものです。現在では、この説は受け入れられていませんが、救世観音像の呪い、つまり太子の呪いが伝えられていたことは事実です。この像は長年秘仏で、祟りが語られていました。さらに布で何重にもまかれて、封印されていたそうです。明治時代、この秘仏に注目したのが、東洋美術史家アーネスト・フェノロサ（一八五三〜一九〇八）です。フェノロサは、この秘仏を拝観しようとしましたが、寺側は、祟りがあると言って拒否します。しかし、祟りを気にしないフェノロサは、とうとう布をとき、この観音像を見ました。岡倉天心（一八六三〜一九一三）もいっしょだったと言われています。はたして、お二人に祟りがあったのでしょうか。この像は、現在も秘仏ですが、毎年春と秋の二回、一般公開されています。

## ◆不空羂索観音菩薩（ふくうけんさくかんのんぼさつ）

密教は、平安時代に空海が中国からもたらしたとされていますが、これは、インド中期密教で純密と呼ばれているものです（後述します、行タントラ、ヨーガ・タントラ）。実は、奈良時代にも、密教は日本に伝わっています。これは、インド前期密教で、後述します所作タントラ、雑密と呼ばれているものです。インド前期密教は、ヒンドゥー教の影響を強く受けていて、ヒンドゥー教の神様が取り入れられています。

その一つとされるのが、不空羂索観音菩薩です。シヴァ神ではないかという説もあります。『不空羂索神変真言経』では、不空羂索観音菩薩は、三目八臂で鹿の毛皮をまとっていると説かれています。そして、あらゆる人々を救済し、現世利益をもたらす菩薩であります。不空羂索観音菩薩の仏像は、あまり多くはありませんが、その中で、東大寺の不空羂索観音菩薩立像は、その代表作となっています。不空羂索観音菩薩は、二十種の現世利益と八種の死後の利益をもたらすと言われています。息災、願望実現、金運、敬愛、極楽浄土への往生など幅広いです。

## ◆孔雀明王

不空羂索観音菩薩と同様に孔雀明王も、早くに日本に取り入れられています。孔雀明王は、もともとインドの神様で、仏教に取り入れられ、密教の尊格の一つになったそうです。孔雀が害虫や毒蛇を食べることから、孔雀明王は災厄や苦痛を取り除く功徳があると考えられていました。また、山との関係も深く、山の自然現象を支配する能力を持っているとされていました。さらに、孔雀明王は、平安時代に日本に入ってきた明王たちのほとんどが忿怒相であるのに対し、柔和なお顔の明王です。

仏教とともに、孔雀明王とその呪法が、日本に入ってきました。孔雀明王の呪法を用いた有名な人物は、役小角（生没年不詳）で、この呪法により、不思議な能力を発揮します。『日本霊異記』によりますと、葛木山の神である一言主は、役小角が金峯山と葛木山の間に橋をかけようとしたことを怒り、天皇に讒言しました。そのため、役小角は、伊豆に流されます。しかし、一言主は、役小角の孔雀明王の呪法によって、縛られてしまい、現在もその状況が続いているそうです。山の神を縛るということは、やはり孔雀明王と山とは、関係しているように思います。

ところで、この一言主、たいへん怖ろしい神です。『古事記』によりますと、雄略天皇が、葛城山に登った時、自分たちと同じような装束を身にまとった行列の一団を見かけます。天皇は、矢を射ようとしましたが、落ち着きお互いを名乗ることにしました。すると、相手は「吾は悪事も一言、善事も一言、言離の神、葛城の一言主の大神なり」と自らが神であることを名乗ります。さらに彼らの姿は、天皇一行と同じ姿でした。天皇は、相手が神だと知り、怖れおののき、献上品を差し上げます。一言主も、天皇を見送りました。天皇が怖れる一言主を呪縛するとは、孔雀明王の呪法はたいへん強力です。

孔雀明王の呪法は、その後日本の密教に取り入れられて、孔雀経法として様々な僧が用いました。とくに祈雨法として用いられました。真言宗では、祈雨法としてこの孔雀経法と請雨経法が二大修法でした。ただ、流派によって使い分けられていたようで、孔雀経法は広沢流、請雨経法は小野流が行うとされていました。

このように古代日本では、呪術は『古事記』、『日本書紀』からはじまり、その後外来の仏教や道教の影響を受けて発展していきました。これが平安時代に入りますと、道教の影響を受けた陰陽道、再度伝来した密教が貴族を中心に普及し、一般大衆にも広がっていきます。その過程で、日本の山岳信仰に、陰陽道、密教などが結びついて修験道も登場してきます。こうした新しい呪術についてご紹介していく前に、これらが受容された要因となっています、御霊信仰についてご紹介します。

# 第二章　御霊信仰

## ◆怨霊

　平安時代、陰陽道や密教の呪術が普及しますが、その要因の一つとなったのが、御霊信仰です。恨みを持って亡くなった人々が、怨霊となって恨みの対象だけでなく、災害や疫病で、他の多くの人々をも苦しめるという信仰です。こうした怨霊を逆に御霊として神社で崇め、祟りを鎮めるということが行われました。

　とくに、桓武天皇（七三七〜八〇六）は、怨霊を怖れ一旦遷都した長岡京から平安京に再び遷都しました。このあたりから、怨霊が怖れられ、それを鎮めるために様々な修法が用いられることになります。そうした中、陰陽道や密教が普及していきます。御霊信仰の中心人物は桓武天皇ですが、少し時代を遡って、長屋王（生年不詳〜七二九）のお話しからはじめたいと思います。

## ◆長屋王の祟り

長屋王は、聖武天皇（七〇一～七五六）の時代の人です。長屋王は天武天皇（生年不詳～六八六）の孫で、権力者藤原不比等（六五九～七二〇）の死後、政治の実権を握ります。それを好ましく思わない不比等の子供である藤原四兄弟（武智麻呂、房前、宇合、麻呂）が、長屋王に無実の罪（聖武天皇に対する呪詛と国家の転覆）をでっち上げ、長屋王は自害させられました。長屋王の変と呼ばれる事件です。聖武天皇にとっても、長屋王は血筋的にも天皇の地位を脅かすものでした。その結果、藤原四兄弟は権力を握ります。しかし、長屋王の死から八年後、藤原四兄弟が流行病で、次々と亡くなりました。さらに、火災や大地震に見舞われました。聖武天皇は、長屋王の祟りを怖れ、仏教に帰依しました。そして、聖武天皇は、東大寺大仏の開眼法要を行うなど仏教への信仰を厚くしました。東大寺の大仏様は、長屋王を怖れて創建されたのかもしれません。

## ◆桓武天皇

桓武天皇は生涯怨霊を怖れたと言われています。それでは、誰を怖れたのでしょうか。実は、複数なのです。まずは、井上大皇后（七一七～七七五）と他戸親王（おさべしんのう）（七六一～七七五）です。他戸親王は、桓武天皇の異母弟で、井上大皇后は、他戸親王の母となります。他戸親王と桓武天皇の父は、光仁天皇です。井上大皇后は天武天皇の嫡流であるため、当時、他戸親王が皇太子でした。ところが、井上大皇后が夫光仁天皇を呪詛したという嫌疑がかけられ、皇后を廃され、他戸親王も皇太子を廃されました。さらに別の呪詛の罪をきせられ、二人は庶人に落とされて、幽閉されます。そして、二人は急死しましたが、暗殺説もあります。他戸親王が皇太子を廃されたため、山部親王が皇太子に立てられました。山部親王は、後の桓武天皇です。二人の死後には天変地異が続いたため、怨霊の祟りとされました。桓武天皇は、二人の怨霊を怖れました。

桓武天皇は、次に早良親王（さわらしんのう）（七五〇～七八五）を怖れました。早良親王は、桓武天皇の同母弟で皇太子でした。ある時、桓武天皇が信頼を置いていた藤原種継（七三七～七八五）が暗殺されました。そこで、早良親王がその事件に関与していたとされ、廃太子されます。そして、淡路国への流罪が決まり、配流される途中に憤死します。配送先の淡路国で埋葬されました。ただし、藤原種継暗殺事件と早良親王の関係についてはわかっていません。早良親王の死後、桓武天皇の親族が次々と亡くなっていきました。また、地震、飢饉、疫病、洪水などの災害が続きました。安殿親王（後の平城天皇）（七七四〜八二四）が発病した時、占が行われ、「早良親王の祟り」であると知らされます。桓武天皇は、数々の早良親王鎮魂の儀式を行いました。しかし、災害は止まらず、長岡京で地震が続いたため、平安京に遷都を決めます。平安京遷都は、早良親王の怨霊が原因となっているのです。ところが、平安京でも、早良親王の祟りは鎮まらず、天災等が続きました。とうとう富士山が噴火したときには、早良親王鎮魂のために、崇道天皇と追称され、遺体も淡路国から大和国に移されました。

桓武天皇は、異母弟、その母、同母弟の怨霊に生涯苦しめられました。しかし、桓武天皇は天寿を全うしますし、早良親王の後皇太子となった平城天皇も病気から回復していますので、怨霊は恨みをはらすことができなかったのかもしれません。そのためか、天災は続きます。

## ◆伊予親王と藤原夫人

桓武天皇の後を継いだ平城天皇の時代にも、同様の事件が起ります。それは、伊予親王（七八三～八〇七）と藤原吉子（生年不詳～八〇七）で、二人は親子です。伊予親王は、桓武天皇の皇子で、平城天皇の異母弟になります。藤原吉子は、桓武天皇の夫人で、伊予親王の母です。あるとき、藤原宗成（七八五～八五八）が伊予親王に対して謀反を勧めているとの情報が流れます。そのため、伊予親王と藤原吉子は、幽閉されます。その後、二人は、毒を仰いで自害しました。二人は、無実であったそうです。平城天皇は、この二人の怨霊に悩まされ続け、怨霊から逃れるため、同母弟の嵯峨天皇に皇位を譲ることになったと言われています。

桓武天皇と平城天皇は、似たような事情で怨霊に怯えることになったのです。また、平城天皇は、譲位後、薬子の変を起して失敗し失脚しますが、天寿をまっとうしています。つまり、桓武天皇の場合と同様、怨霊はその目的を果たせていません。

## ◆神泉苑御霊会

怨霊は、恨みを持った人々への祟りだけでなく、疫病や天災といった形で、何の関係もない人々にも災いをもたらします。ちょっと不条理な気がします。桓武天皇や平城天皇が天寿をまっとうした後も、祟り続けました。そのため、こうした怨霊を御霊として鎮魂するため、八六三年五月二十日、神泉苑で御霊会が行われました。律師慧達を招き、金光明経一部と般若心経六巻の演説がされ、楽の演奏や稚児の舞、雑技、散楽などが催されました。ここで注目すべきは、神泉苑の四門が開けられ、一般民衆も観ることができたことです。まさに、国全体で鎮魂を行ったことになります。それほど、疫病・天災などの災害がひどかったのでしょう。

この御霊会で祀られたのは、早良親王、伊予親王、藤原吉子、藤原広嗣（ふじわらひろつぐ）（生年不詳～七四〇）、橘逸勢（たちばなのはやなり）（七八二～八四二）、文室宮田麻呂（ふんやのみやたまろ）（生没年不詳）です。藤原広嗣ではなく、藤原仲成（ふじわら のなかなり）（七六四～八一〇）だとする説もあります。これらは、六所御霊と呼ばれます。無実の罪などをきせられ、不慮の死を遂げた人々です。その筆頭が早良親王です。

## ◆菅原道真

やはり、怨霊と言えば、菅原道真（八四五〜九〇三）を外すことはできません。菅原道真は、宇多天皇（八六七〜九三一）に重用され、学者であるにもかかわらず、異例の出世をしました。その背景には、宇多天皇に、藤原氏の力を削ぎたいという意図があったと言われています。そのため、菅原道真と藤原時平（八七一〜九〇九）が並び立ち、ライバル関係になりました。そうした中、宇多天皇は醍醐天皇（八八五〜九三〇）に皇位を譲り、上皇となります。

その後、宇多上皇の影響力を弱めるため、醍醐天皇と藤原時平が接近します。そうした中、菅原道真に謀反の嫌疑がかけられ、大宰員外帥に左遷されます。昌泰の変です。醍醐天皇が、藤原時平の讒言を受け入れたとされています。宇多上皇は、さっそく醍醐天皇に抗議しますが、聞き入れられませんでした。菅原道真は、左遷から二年後に亡くなります。

菅原道真の死の六年後（九〇九年）、藤原時平は若くして亡くなりました。そして、その十四年後、醍醐天皇の皇子で東宮の保明親王（九〇三〜九二三）も亡くなりました。道真が亡くなってすでに二十年が経っていますが、これらの不幸は道真の怨霊の仕業と考えられました。怨霊を鎮めるため、朝廷は、道真の官位を右大臣に戻し、位階も正二位を与えました。しかし、その七年後（九三〇年）、醍醐天皇が清涼殿で会議を行っていたときに、落雷が直撃するという清涼殿落雷事件がおきました。多くの人々が亡くなりました。醍醐天皇は助かりますが、よほど怨霊を怖れたのか、その三か月後に亡くなられました。朝廷は、とうとう朝日寺に道真を祀る社殿を造営しました。これが、北野天満宮のはじまりです。

早良親王等のときと違うのは、菅原道真は、恨みを持つ相手への復讐を終えたように思います。そのためか、国の守り神、学問の神様として信仰されています。怨念が昇華したように思われます。

## ◆平将門

平将門（九〇三〜九四〇）は、菅原道真と崇徳上皇（一一一九〜一一六四）とともに、日本三大怨霊の一人と言われますが、猛威を振るったのは生きているときでした。そのため、後述しますが、将門に様々な呪詛がかけられました。将門の乱は鎮圧され、将門はあえなく討ち取られてしまいました。討ち取られた平将門の首は、京に送られ、都の河原にさらされました。

この首に関する怪異が伝承されていますが、もっとも有名なものは、この首が関東に飛んで行ったというものです。ただ、怨霊としては、早良親王や菅原道真ほど怖れられてはいなかったように思います。将門に関する祟り話が流布するのは、相当時代が下がってからです。

平将門の場合、本人の怨霊よりも、恨みを引き継いだ子息による復讐話が、江戸時代に普及しました。息子が平良門、娘が滝夜叉姫（たきやしゃひめ）です。どちらも伝説上の人物です。良門は、ガマガエルの精霊肉芝仙（にくしせん）からガマの呪術を習い復讐をします。姉の滝夜叉姫は、このガマの呪術の影響を受けたというお話しもありますが、一方貴船神社にお願いして妖術使いとなったというお話しもあります。二人は、朝廷転覆を企てますが、結局退治されるというものです。

## ◆崇徳上皇

ついに、最恐の怨霊と言われます崇徳上皇のお話しです。崇徳上皇（一一一九〜一一六四）は、保元の乱に敗れ、讃岐国に流されます。そこで、恨みを持って亡くなり、怨霊となったと伝えられています。

崇徳上皇の人間関係は極めて複雑です。崇徳上皇は、父鳥羽上皇（一一〇三～一一五六）、母藤原璋子（待賢門院）（一一〇一～一一四五）の嫡男です。数え年、五歳で天皇に即位します。しかし、鳥羽上皇は藤原得子（美福門院）（一一一七～一一六〇）を寵愛するようになり、二人の間に、体仁親王（後の近衛天皇）（一一三九～一一五五）が生まれると、鳥羽上皇は、この体仁親王を天皇にしようと、崇徳天皇に譲位を迫り、崇徳天皇はそれを受け入れました。この背景には、「叔父子問題」があります。崇徳上皇の母、藤原璋子は、白河上皇（一〇五三～一一二九）（鳥羽上皇の祖父）の養女でした。そのため、白河上皇との密通が噂され、崇徳上皇は、鳥羽上皇ではなく、白河上皇の子ではないかと疑われました。鳥羽上皇は、崇徳上皇を自分の子ではなく叔父であるとして、嫌ったと伝えられています。そのように仕向けた人物は、藤原忠通（一〇九七～一一六四）だと言われています。藤原忠通は、父藤原忠実（一〇七八～一一六二）と異母弟藤原頼長（一一二〇～一一五六）と深刻な対立をしていました。近衛天皇が若くして亡くなったため、崇徳上皇に権力が行かないよう、鳥羽上皇は、苦肉の策として後白河天皇を即位させます。そして、鳥羽上皇が亡くなると、敵の敵は味方となり、崇徳上皇・藤原忠実・藤原頼長と後白河天皇・藤原忠通の対立から保元の乱が起り、崇徳上皇側が敗れました。

後白河天皇は一時的なものと考えられていましたが、いろいろな幸運が重なり、上皇となり権力を握りました。しかし、このころから身近な人々が亡くなっていきました。そのため、後白河上皇は、崇徳上皇の祟りを怖れました。後白河上皇は、崇徳院に諡号を贈り、さらに保元の戦場跡には粟田宮を建立しました。ただ、崇徳上皇の御霊は讃岐国白峯陵に葬られたままで、京に戻されることがありませんでした。後白河上皇は、崇徳上皇の御霊を京に戻すことを怖れたのかもしれません。

そのためか、崇徳上皇の怨念ははれることはなかったのでしょう。南北朝時代の『太平記』や江戸時代の『雨月物語』には、恨みを持ち続ける崇徳上皇が登場します。そのため、怨霊の代表のような存在になってしまいました。

以上、平安時代の呪術ブームの根底にある御霊信仰について、お話ししてきました。それでは、さっそく陰陽道と密教の呪術についてご紹介していきましょう。

# 第三章　陰陽道

## ◆安倍晴明

陰陽道と言えば、何といっても安倍晴明（九二一～一〇〇五）です。式神を使って、不思議な力を発揮し、一時ブームにもなった歴史上の人物です。『宇治拾遺物語』にも、清明の験力を示したお話がたくさん載せられています。

清明は、自ら敵に対して呪詛をするのではなく、呪詛された人を救うといったことが中心です。清明は、正式な役職を持った官人です。いわば、官人の陰陽師ということができます。一方、民間にも陰陽師がおり、彼らが呪詛を受け持っていました。法師陰陽師と呼ばれることがあります。中には、生活苦の僧がパートタイムで陰陽道を行うこともありました。

ある時、清明は、近衛少将を見るなり、彼が呪詛されていることを見抜きます。呪詛者の式神が、少将を狙っていたのです。清明は、一晩中加持祈祷を行って少将の命を救いました。呪詛を行った陰陽師は、自らが放った式神に殺されてしまいした。興味深いのは、呪詛が失敗すると、式神はその主人を殺してしまうということです。陰陽師の呪詛に失敗は許されないのです。また、清明は、同様に呪詛された藤原道長（九六六〜一〇二八）も救っています。そのときも、敵の陰陽師を見つけだしました。

また、清明の験力を試そうとした老僧は、清明に自らの式神を隠されてしまい、懲らしめられます。さらに、若い僧たちから式神が人を殺せるか聞かれ、殺せると答えました。僧たちに、試しに蛙を殺してくれるように言われ、清明は仕方なく、式神で蛙を押しつぶしました。このように、清明の験力は強力であったため、清明の母が狐であったといった伝説さえ生まれています。

## ◆泰山府君祭

陰陽道最高の祭事は、健康長寿のために行われた、泰山府君を祀る泰山府君祭です。安倍晴明が得意としており、朝廷で盛んに行われていたと言われています。

泰山府君は、もともと人の寿命を司る中国における道教の神様でした。これが、仏教に取り入れられ、閻魔大王を含めた冥界の十王の一人となっています。そして、この泰山府君は、陰陽道にも取り入れられ、主祭神となります。まさに、神仏習合です。

『今昔物語集』に、安倍晴明とこの泰山府君祭のお話があります。ある名僧が、重い病にかかります。そのため、安倍晴明が召され、泰山府君祭が執り行われました。仏教の名僧が、陰陽道に頼るのは興味深いです。陰陽道が仏教よりも優越していることが、暗に意味されているのでしょう。

ただし、名僧を助けるためには、身代わりが必要となります。多くの弟子が、身代わりになることに躊躇しましたが、ある弟子がそれを決心します。泰山府君祭のおかげで、名僧は回復しました。そのため、多くの人は、身代わりを申し出た弟子が死んでしまうと思っていました。もちろん、弟子本人もそのつもりでした。ところが、この弟子も助かりました。泰山府君が、この弟子を憐れんだためだそうです。

このお話では、安倍晴明以外の人々の固有名詞がわからないのですが、『泣不動縁起』では、具体的な名前が出てきます。ただ、内容も少し変わっています。

名僧は、三井寺の智興（生没年不詳）です。そして、身代わりとなった弟子は、証空（生没年不詳）という僧です。『今昔物語集』同様、『泣不動縁起』でも、身代わりとなった弟子は助かりますが、その理由が異なっています。『今昔物語集』では、泰山府君の憐れみでしたが、『泣不動縁起』では、掛け軸の不動明王像が、証空の身代わりとなって檀の上に落ちました。そう、この縁起では、証空を助けたのは、陰陽道ではなく不動明王、すなわち仏教ということになります。ここでは、逆に仏教が陰陽道よりも優れていることが暗示されています。

この縁起を絵巻にしたのが、紙本著色「泣不動縁起」絵巻ですが、京都の清浄華院（しょうじょうけいいん）が保管しています。

## ◆桃の魔除け

陰陽道では、桃が魔除けとして重要視されています。安倍晴明が祀られている清明神社には、桃の銅像があります

桃は、古来呪術的な力がある果物として考えられてきました。『古事記』や『日本書紀』の時代に遡ります。本書でもすでにご紹介しました、イザナギノミコトとイザナミノミコトのお話しです。死んで黄泉国の住人となったイザナミノミコトを、夫であるイザナギノミコトが会

いに行きます。イザナミノミコトにその姿を見るなと言われたのにも関わらず、イザナギノミコトはその怖ろしい姿を見てしまい、黄泉の国から逃げようとします。怒ったイザナミノミコトは、配下の者を追わせますが、桃の実を投げつけると、黄泉の国の者たちが退散するというものです。

この桃の神秘性は、中国の道教や神仙信仰から影響を受けているとも言われています。そのため、桃の呪術的な力は、中国でもよく信仰されていたみたいです。漢の時代でも、魔除けに桃が使われていたことが記載されています。西洋では、リンゴが神秘的な力を持った果物として有名ですので、東の桃、西のリンゴでしょうか。

## ◆物忌み（ものいみ）

物忌みは、神事などで一定期間けがれを避けることを言います。例えば、その期間肉食を止めるなどといったものです。この物忌み、平安時代の貴族たちの間では、現代では信じられないほど厳しいものでした。物忌みの日は、外出せず、門を閉ざして家に引きこもります。まさに、台風が来るときみたいです。家の中でも、冠や髪に「物忌」の札をつけていたそうです。もちろん、来客は受けつけません。さらに、この物忌みをするかどうかの判断は、陰陽師にかかっています。では、どの程度物忌みをやっていたのでしょうか。年に三十日程度、多い場合は五十日にまで及んだそうです。現代では、ちょっと考えられませんね。これでよく政治・経済が回っていたのか不思議です。当時の貴族は、優雅な生活であったかもしれないですが、常に何かを怖れていたように思われます。そんなに幸せではなかったのかもしれません。

この物忌みですが、この日を狙った呪殺があります。安倍晴明のような官人の陰陽師とは違い、民間の法師陰陽師は、こうした呪詛の依頼を受けていました。『今昔物語集』に、陰陽道による呪殺のお話があります。茂助という才能豊かな若者がおりました。あまりにも優秀なので、妬む者もいました。その中に、茂助を亡き者にしようとする者がいました。ある時、茂助は、家に不思議なお告げがあったので、有名な陰陽師に尋ねました。陰陽師は、極めて慎まなければならないと忠告して、家の門を堅く閉ざして物忌みをする日を伝えました。一方、茂助を殺そうとする者は、別の陰陽師を雇いました。その陰陽師は、物忌みの日に茂助に術をかけると言いました。その男と陰陽師は、物忌みをしている茂助の家に行きました。男は、門をたたいて、茂助に伝えたいことがあると言いましたが、断られてしまいました。そこで、引き戸を少し開けて話がしたいと言いました。茂助は了承し、引き戸から顔を出してしまいます。その瞬間、陰陽師は茂助に向かって、ありとあらゆる呪詛をかけました。男は、田舎に行くと伝えると、茂助は家の中に入ってしまいました。そして、茂助は三日後に亡くなってしまいました。この場合、陰陽師の術は、術をかける日が大事であることと、直接顔を見てかけなければならないと考えられます。

## ◆陰陽道の死霊封じ

『今昔物語集』に陰陽師の死霊封じのお話があります。ある女が、夫から別離され、嘆き悲しみ亡くなってしまいました。女は身寄りがありませんでしたので、死体は家の中でそのままに放置されていました。不思議なことに、死体は腐らず、生きていたときの姿で残っていました。近所の人々は、これを見て恐怖におののいていました。

元夫は、この話を聞いて、死霊の祟りが自分に降りかかってくると思い生きた心地がしませんでした。元夫は、陰陽師のところに助けを求めに行きました。陰陽師は、この祟りがいかに強力であるか説明すると同時に、元夫を助けることを約束しました。ただ、そのためには、元夫は怖ろしい思いをしなければなりません。

日が沈むころ、元夫と陰陽師は、女の死体のある家に行きました。元夫は、震えていました。二人は、腐らない女の死体を見ました。陰陽師は、元夫に死体に馬乗りになって、髪をつかむよう指示しました。元夫がそれに従うと、陰陽師は術を施しました。そして、必ず怖ろしいことが起るが、その髪を絶対に放さないよう言われました。陰陽師が出ていくと、一人残された元夫は、恐怖で生きた心地がしませんでした。

そして、とうとう夜になりました。すると、女の死体は、「重たい」と言って立ち上がり、元夫を探してやると言って走り出しました。それでも、元夫は髪の毛を放しません。女は、背中にのっている元夫に気づかず、いろいろなところを走り回りました。やがて、女は、元居たところに戻ってきて、横たわりました。その間も、元夫は、陰陽師に言われた通り髪の毛を放しませんでした。夜が明けるころ、女は音を出さなくなりました。そして、陰陽師が再びやって来て、元夫に髪の毛を放さなかったかと聞きました。元夫が放さなかったと答えると、陰陽師は死体に向かって祈祷をして、これで大丈夫だと伝えました。元夫は、陰陽師に拝み、涙を流して感謝しました。そして、その後、祟りもなく、長生きしたそうです。

陰陽師の術は、死人の祟りをも封じ込めるのです。ただ、ちょっと、亡くなった女がかわいそうな気がします。陰陽師の術で、成仏させることはできなかったのでしょうか。

## ◆陰陽道と密教

密教のついては、次の章でご紹介しますが、平安・鎌倉時代、密教と陰陽道は、どちらも現世利益をかなえてくれる行法として、一般の民衆からも信仰を得ていました。それでは、どちらの行法が優れているのでしょうか。

『今昔物語集』に興味深い話があります。比叡山の陽信（生没年不詳）という僧が、修行に迷いが生じて山を下ります。途中泊った明石の津では、疫病が蔓延していました。そこで、ある法師陰陽師が、この疫病を止めるため、催事を行う光景を目にします。それは、陰陽道の行法ではなく、両界曼荼羅を使った密教修法でした。このとは、密教僧である陽信以外気づいてはいません。この修法のおかげで、疫病は収束します。法師陰陽師を名乗った男は、実は密教僧、それも相当レベルの高い僧であります。自分は、密教僧であると名乗らず、法師陰陽師としていとことは、身分を隠していたことになります（何らかの理由でそうする必要があったのでしょう）。

通常、身分を隠す場合、高い身分を隠しますので、密教僧の方が法師陰陽師よりも格上であったことが想像できます。ただ、法師陰陽師の上に、安倍晴明といった官人陰陽師がいますので、密教が陰陽道よりも優れていたと考えられていたかどうかはわかりません。

また、僧と陰陽師が対決するお話しもあります。増誉（ぞうよ）（一〇三二～一一一四）は、平安時代中期の天台宗の僧ですが、修験でも有名です。大峰山や葛城山で修行し、験力を身につけました。はじめて、熊野三山検校に補され、聖護院を建立しました。この増誉に関する、興味深いお話が『古事談』にあります。

鳥羽天皇（一一〇三～一一五六）の時代に、相撲大会が開かれました。ところが、遠方という有力力士は、当日、相撲を取ることができないと言い出しました。理由を聞くと、今朝、急に腫物ができたそうです。人々は、どうしたらよいものか嘆いていますと、増誉が登場しました。腫物に両手を交差させ、仏・法・僧の三宝に祈りました。すると、腫物はすぐに治りました。遠方の対戦相手が、陰陽師に依頼して、式神を潜ませ、腫物を生じさせたと噂になりました。増誉の験力が、陰陽師の術を上回っていたのでしょう。

## ◆戦国武将と陰陽師

室町時代以降、陰陽道は衰退します。朝廷で陰陽師を抱えておく余裕がなくなったためです。ただ、陰陽師は民間で人気を得ていました。呪術全般も、民間での普及が大きいです。そうした中、戦国大名も呪術に頼ったといわれています。後述する呪術飯綱の法は、武田信玄(一五二一～一五七三)などが重用したとも伝わっています。実際、織田信長(一五三四～一五八二)・徳川家康(一五四三～一六一六)連合軍と武田勝頼(一五四六～一五八二)の軍勢が戦った長篠合戦でも呪術が関わっている可能性があります。長篠合戦屏風で、織田信長軍に六芒星のマークを付けた者が三名描かれています。安倍晴明といった国家官僚の陰陽師は五芒星のマークですが、六芒星は民間の法師陰陽師が使ったとも言われています。こうした陰陽師の子孫が、戦国大名の戦に関わっていたのでしょうか。一説では、火縄銃を使えるかどうか天候を占ったのではないかと言われています。世界各地で、戦争と呪術は深い関係にありますので、日本の戦国時代も例外ではないのかもしれません。

## ◆吉良上野介と陰陽師

安倍晴明のような官人陰陽師は、戦国時代に大きく衰退しますが、徳川家康によって復活します。土御門家と賀茂幸徳井家が再興されますが、最終的には土御門家が中心となります。そして、江戸時代中期、土御門泰福（一六五五〜一七一七）によって、土御門家が発展しました。泰福は、朝廷の高官となります。

近ごろ、「忠臣蔵」の敵役として知られる吉良上野介（一六四一〜一七〇三）が、この土御門泰福に宛てた書簡が見つかりました。ここでは、土御門家が将軍家のためにけがれを払う儀式を行いましたが、それを将軍家が喜んだという内容が記されています。吉良上野介は、朝廷と幕府とをつなげる役割を担っていたことがわかります。また、吉良上野介が土御門泰福と親しい間柄であったことも想像されます。吉良上野介が、土御門泰福に頼んで、赤穂浪士の討ち入りの日を占ってもらっていれば、歴史は変わっていたかもしれません。

以上、平安時代から貴族社会で信仰を集めた陰陽道の呪術についてご紹介してきました。陰陽師は、安倍晴明のような官人陰陽師と民間の法師陰陽師に分けられます。官人陰陽師は、国家的な催事である泰山府君祭でも、息災などが目的です。一方、個人の呪詛などは、この法師陰陽師が雇われて行われていました。次に、平安時代に信仰を集めた密教についてご紹介していきます。ここでは、官人陰陽師と違い、国家の反逆者に対して、国家的な呪詛が行われます。

# 第四章　密教

## ◆タントリズム

次に、空海（七七四～八三五）、その後、円仁（七九四～八六四）や円珍（八一四～八九一）がもたらした密教についてお話ししたいと思います。仏教がインドから始まっていますので、この密教も、もちろんインドに起源を持ち、タントリズムと呼ばれます。はじまりは、六〇〇～一二〇〇年ごろだと言われています。このころは、仏教が弱まり、ヒンドゥー教やイスラム教が拡大していました。また、密教は、なにも仏教で始まったものではなく、ヒンドゥー教やジャイナ教でも取り入れられています。インド的な思想なのかもしれません。

仏教タントリズムは、時代的な区分では、初期、中期、後期の三つに分けられます。また、歴史的にタントラ経典によって、四つの時代区分がされます。チベットの学者プトゥン（一二九〇～一三六四）による分類法です。また、日本での呼称もあります。以上を整理しますと以下のようになります。

| 時代区分 | プトゥン分類 | 日本の呼称 | 経典 |
|---|---|---|---|
| インド初期密教 | 所作タントラ | 雑密 | |
| インド中期密教 | 行タントラ | 純密 | 『大日経』 |
| | ヨーガ・タントラ | | 『金剛頂経』 |
| インド後期密教 | 無上ヨーガ・タントラ | 左道密 | 『秘密集会タントラ』等 |

インド初期密教、つまり所作タントラは、原始的な呪術が取り入れられたもので、日本では雑密と呼ばれています。仏教伝来の中で、こうした思想も取り入れられ、前出した様々な呪術に影響を与えています。次のインド中期密教は、行タントラとヨーガ・タントラに分けられます。行タントラの代表経典は『大日経』、ヨーガ・タントラの代表経典は『金剛頂経』です。インド初期密教の原始的呪術は、インド中期密教では仏教的教理に昇華されています。空海が、日本にもたらしたのが、この『大日経』、『金剛頂経』と、それぞれの曼荼羅、胎蔵界曼荼羅、金剛界曼荼羅です。これらが、この章でご紹介する呪術になります。

一方、タントリズムの最終段階であるインド後期密教、無上ヨーガ・タントラは、日本にはほとんど伝わりませんでした。性的な儀式を重視し、解釈を間違うと邪教とされてしまう危険性を持っています。仏教がインドで廃れた以降も、このタントリズムは、ネパールやチベットで盛んでした。チベットの仏像や曼荼羅に、手足が何本もあり、怖ろしい顔をした忿怒尊、生首やドクロをアクセサリーにする女神尊、妃と交わっている男性仏など、日本の仏教では考えられないような異形の仏があります。これらは、インド後期密教の思想を具現化しているように思います。このインド後期密教につきましては、後で一つの章を設けてお話しします。

## ◆密教修法

密教修法の基本は、本尊に対して、その印を結び（身密）、真言を読誦し（口密）、その本尊を観想する（意密）という、いわゆる三密を行います。本尊は、本当に様々な種類があります。仏・菩薩だけでなく、忿怒相の明王、異教の神が仏教に取り込まれた大黒天、聖天、荼枳尼天、鬼子母神、そして、素性のわからない異国から来た摩多羅神、さらには日本オリジナルの神三宝荒神などが挙げられます。目的は、特定の人の愛を得る敬愛法、敵を倒す調伏法、無病息災を願う息災法、金銭、名誉、地位などを得ようとする増益法などがあります。それぞれの目的に合わせて、本尊が選ばれますが、一つの本尊で二つ以上の目的に使われることもあります。例えば、大威徳明王は、調伏法だけでなく、増益法でも使われます。ただし、ある程度、本尊によって得意不得意があります。増益法は護法善神が多く、息災法やとくに滅罪や成仏は、仏・菩薩が多いです。一方、調伏法は明王の独壇場となり、大元帥明王、大威徳明王などといった明王が本尊とされます。

## ◆仏・菩薩による修法、如意輪観音

仏・菩薩による修法は、後でご紹介する明王による修法と違い、平和的なものが多いです。例えば、如意輪観音を本尊として行う修法です。如意輪法は、滅罪と福徳の効果があるとされています。人々の望みをかなえる観音です。

この如意輪法は、ターゲットとなる人の寵愛を受けるために行われたこともあったみたいです。いわゆる敬愛法です。もともと人々の願いをかなえる福徳の効果のある修法ですので、敬愛法として用いられることも不思議ではないです。この法を行ったと伝えられているのは、道鏡（七〇〇～七七二）です。道鏡は、女性天皇である孝謙天皇（後の称徳天皇）（七一八～七七〇）の寵愛を受け、天皇になる野望を持ちましたが、最終的には失敗に終わります。道鏡が、孝謙天皇に取り入るのに、この如意輪法を使ったのではないかと言われています。ただし、如意輪法は、女性が男性に対して行うのが一般的でした。道鏡は、逆のパターンでしたが、その効果はあったみたいです。

もちろん、如意輪法は、男女の関係だけでなく、上司の信頼を得ることにも使われました。伴義男（八一一～八六八）は、一時権勢をふるいましたが、応天門の変で失脚しました。伴義男が権力を手に入れた理由として、如意輪法が挙げられます。清和天皇（八五〇～八八一）の寵愛を得るため、この如意輪法を僧に命じて行わせたのです。その結果、伴義男は、たちまち寵臣となりました。ただし、最後には、清和天皇に罰せられることになります。実は、清和天皇の前世は僧でした。しかし、伴義男に出世を阻まれました。そのため、この僧は伴義男を恨み、『法華経』を三千部読み上げて、復讐を誓いました。そして、死後、清和天皇として生まれ変わったのです。この前世の因縁の方が、如意輪法よりも勝っていたと言えます。

## ◆六観音

一尊だけでなく、複数の尊格を本尊とする修法があります。その一つが、六字法で、六観音を本尊とします。六観音とは、聖観音、千手観音、馬頭観音、十一面観音、准胝（じゅんでい）観音、如意輪観音です。先ほどご紹介した如意輪観音も入っています。六観音は、六道それぞれの衆生を救い、それぞれ担当が決められています。地獄道に聖観音、餓鬼道に千手観音、畜生道に馬頭観音、阿修羅道に十一面観音、人間道に准胝観音、天道に如意輪観音が配置されます。この六観音を祀った六字法は、『六字神呪経』に基づき、息災、調伏を祈祷する修法です。ただ、本尊は一定しておらず、聖観音や六字観音など、宗派によって様々なバージョンがあります。ただ、六尊分のパワーですので強力です。

この六字法を、天台宗で大がかりにしたのが、六字河臨法です。六字法の最終日に、船の上で修法を行います。陰陽道の影響を受けていますので、船上では読経の他、中臣祓（なかとみのはらえ）も読まれます。もちろん、密教ですので、護摩法が中心となります。川下から川上に船は進み、七つの川瀬で供養ポイント設定し、各ポイントで修法を行います。記録としては、文応元年（一二六〇年）に後嵯峨上皇の病気平癒のために、この六字河臨法が行われたことが残っています。大がかりで、お金がかかりますから、天皇・貴族でないとこの修法を修めることは難しいでしょう。

## ◆明王による呪詛

明王は、密教特有の尊格です。如来が、通常の優しい姿でいては教化し難い衆生を教化するために、忿怒の姿に化身したものとされています。明王は、天（神）とは区別され、天よりも上の尊格となります。その怖ろしい姿からか、密教系の呪術では敵を調伏する主尊として用いられることが多いです。まさに、呪詛となります。

明王の代表が、五大明王です。不動明王を中心に、東に降三世明王（ごうざんぜみょうおう）、西に大威徳明王（だいいとくみょうおう）、南に軍荼利明王（ぐんだりみょうおう）、北に金剛夜叉明王（こんごうやしゃみょうおう）が位置します。真言宗は、北が金剛夜叉明王ですが、天台宗では、その代わりに烏枢沙摩明王（うすさまみょうおう）となっています。

この五大明王像の代表例が、東寺の立体曼荼羅です。東寺は、平安遷都後、王城鎮護、国家鎮護の寺として造営されましたが、弘仁十四年（八二三）、空海（七七四～八三五）が、嵯峨天皇（七八六～八四二）から下賜され、真言密教の根本道場となりました。この東寺講堂には、五智如来、五大菩薩、五大明王、四天王、梵天、帝釈天の二十一尊像が安置されています。これらの諸尊の制作は、天長十年（八三三）、即位したばかりの仁明天皇（八一〇～八五〇）の病気治癒を祈願して開始され、承和六年（八三九）に開眼供養が行われました。二十一尊像のうち、五智如来像と五大菩薩像の中尊は、文明十八年（一四八六）の土一揆によって、講堂火災の際、焼失してしまったため、現在のものは再興像となっています。一方、他の諸尊像は、当時のままで保存されており、この五大明王像は、日本において現存する最古の作例となります。

五大明王は、不空訳『仁王護国般若波羅蜜多経陀羅尼念誦儀軌』が根拠となっていると言われていますが、その像容については、東寺講堂の五大明王像と一致していません。また、この五大明王が、胎蔵曼荼羅の持明院から来ているというお話がありますが、少し違っています。確かに持明院は、五尊ですが、一列に並んでいます。左から、勝三世明王、大威徳明王、般若波羅蜜多菩薩、降三世明王、不動明王となっています。軍荼利明王と金剛夜叉明王（または烏枢沙摩明王）がいません。また、中央は不動明王ではなく般若波羅蜜多菩薩です。その意味では、仏典とのつながりが今一つ謎につつまれています。
以下では、まず、この五大明王による呪詛について見ていきたいと思います。

## ◆不動明王

明王のリーダーは、大日如来の化身ともいわれる不動明王です。右手に三鈷剣を、左手に羂索の縄（けんさくのなわ）を持っています。三鈷剣は、魔を退けると同時に、人々のあらゆる迷いを断ち切ります。羂索の縄は、魔を縛り上げます。また、不動明王は、五大明王の中心として信仰される以外に、不動三尊像として、矜羯羅童子（こんがらどうじ）と制吒迦童子（せいたかどうじ）を両脇に従えて表現されることもあります。とにかく、日本では、この不動明王が大人気で、深い信仰を集めています。

こうした明王最強とされる不動明王ですが、実は積極的に相手を攻撃する呪詛は少ないです。どちらかと言えば、呪詛返しのような防御が主体です。また、物の怪退治等に使われるのも多いようです。不動明王は、やはり人格者なのでしょうか。物の怪退治の例として、仏眼寺の仁照阿闍梨のお話があります。この仏眼寺は、現存しませんが、『今昔物語集』によりますと、ここに仁照阿闍梨（生没年不詳）という、りっぱな僧がいたそうです。ある天狗が女に憑いて、仁照を誘惑しようとしましたが、困った仁照は不動明王に助けを求めます。すると、女は、誰もいないのに投げつけられたり、くるくる回されたりとひどい目に会います。とうとう憑いていた天狗は、仁照にお詫びをしました。

物の怪退治に強力な不動明王の修法ですが、効かない場合があります。染殿の后と呼ばれた藤原明子（八二九～九〇〇）が、天狗に憑かれてしまいました。相応（八三一～九一八）がこの天狗と対峙しますが、不動明王の呪が効きません。実は、天狗の正体が不動明王を信仰していた僧であったためです。ここでも不動明王は、良い人で元の信者を倒すことを躊躇したのです。不動明王は、相応に大威徳明王の呪を唱えるようアドバイスし、相応はそれに従い、天狗は祓われます。不動明王は、ある意味、義理堅いのかもしれません。

## ◆降三世明王

降三世明王は、過去・現在・未来の世界において、貪（とん）・瞋（じん）・痴（ち）の三毒を降伏（調伏）します。像は、通常は三面八臂ですが、それ以外のバージョンもあります。ただ、特徴的なのは、大自在天とその妃烏摩（ウマー）を足下に踏みつけていることです。大自在天は、ヒンドゥー教三大神の一尊シヴァ神、烏摩はパールバーティー（シヴァの妃）です。大日如来の命を受け、降三世明王は、シヴァに改宗を迫ります。しかし、シヴァが抵抗したため、降三世明王は、シヴァとパールバーティーを降伏（調伏）しました。この説話から、二神を踏みつけるという表現がなされています。仏教の側からの解釈です。ヒンドゥー教、とくにシヴァ派の立場からは、とんでもない話となります。

降三世明王は、五大明王の一尊で、他の明王同様、敵の調伏の本尊に用いられます。ただ、降三世明王は、ヒンドゥー教のシヴァやその妃といった異教徒の神を屈服させるという性格上、敵を抹殺するというよりは服従させるという性格が特徴的です。敵を病気にさせる修法がある一方、その敵が服従すれば、その病気を治すこともできます。そのためか、病気を治癒させる息災の法としても、降三世明王の修法は使われます。もちろん、敵の人形をつくり、それを打ち、さらに焼くという呪殺もありますが、これも蘇生することが可能です。さらに、蘇生した後は、まったく後遺症もないそうです。戦勝法としての修法も同様です。敵を皆殺しにするのではなく、退散させたり、服従させたりすることが主目的です。他の調伏法と比較すれば、平和的です。明王による調伏も、いろいろなタイプがあります。

## ◆大威徳明王

大威徳明王は、非常に強力な力を持った明王です。その名の起源は、「ヤマーンタカ」です。これは、「ヤマ」と「アンタカ」からなります。「ヤマ」は、死者の国の王様です。つまり、閻魔大王です。「アンタカ」は、終わりをもたらすという意味です。死者の国の王様に終わりをもたらすという意味となり、それだけ大威徳明王が強力だということです。

大威徳明王の像容は六面六臂六脚で、水牛にまたがっています。六面は六道（地獄界、餓鬼界、畜生界、修羅界、人間界、天上界）を見渡すためです。六波羅蜜（布施、持戒、忍辱、精進、禅定、智慧）を歩むとされる六脚ですが、このような多足の尊格は他になく、たいへん珍しいです。水牛に乗っているのも珍しいですが、これは経典によっています。そのため、日本だけでなく、インドやチベットでも同様の表現がなされています。

また、大威徳明王は、文殊菩薩の眷属とされます。両尊の関係は深いです。その後、チベットでは、文殊菩薩の化身とも呼ばれるようになります。そのため、大威徳明王の頭に文殊菩薩の顔が付け加えられています。

日本では、大威徳明王は六面六臂六脚ですが、最後期のチベットではさらに進化し、九面三十四臂十六脚になります。さらに、顔が牛面になります。水牛に乗っているだけではなく、顔まで牛になってしまうのです。これには、伝説があります。

ある修行僧が悟りを開く直前に、なんと盗人に襲われ、彼らが盗んだ水牛とともに首をはねられます。修行僧は怒り狂い、落ちていた水牛の首を自分の胴体につけ、盗人たちを皆殺しにしました。そして、ついには無差別殺人にまで至ります。人々は文殊菩薩に助けを求めました。文殊菩薩はその修行僧と同じく牛面で、退治しました。この文殊菩薩の姿が大威徳明王だそうです。また、『西遊記』に登場する牛魔王のモデルが、大威徳明王だとも言われています。

この大威徳明王の修法は、五大明王の中でもとくに調伏、それも呪殺に強力な力を持っていました。その例が、平将門への呪殺です。天台宗の僧、浄蔵（じょうぞう）（八九一～九六四）

が、九四〇年、比叡山横川の首楞厳院（しゅりょうごんいん）に二十一日間籠って大威徳明王法を行い、将門を調伏しました。非常に強力な修法ですが、効かなかったこともあります。それは、菅原道真に対してです。浄蔵は、若いころ、菅原道真の怨霊と対峙しました。菅原道真の政敵藤原時平（八七一～九〇九）を救うためでしたが、時平の両耳から青竜となった道真に諫められ、浄蔵は調伏を断念しました。どうして菅原道真には、大威徳明王法が効かないのでしょうか。菅原道真は、天満大自在天神と日本太政威徳天という二つの神号を持っています。『道賢上人冥途記』に登場する将門は、自分は日本太政威徳天と呼ばれていると語っています。すなわち、道真は大威徳明王と習合しているため、大威徳明王法が効かないみたいです。

大威徳明王の呪詛は、インド後期密教でも用いられます。詳細は、後のンド後期密教の章でお話しします。

## ◆軍荼利明王

五大明王シリーズの次の明王は、軍荼利明王です。不死の霊薬ととぐろをまいた蛇という意味があります。その姿は、いろいろなバージョンがありますが、一面八臂で、体に蛇が巻き付いています。軍荼利明王は煩悩や障害を取り除き、さらには毘奈耶迦（びなやか）を退けると言われています。

この毘奈耶迦は、ヒンドゥー教のガネーシャ（聖天、歓喜天）のことを指します。毘奈耶迦は、後述します怖い神様の章で詳細にお話しします。すでにご紹介した降三世明王は、シヴァとその妃パールバーティーを調伏しました。ヒンドゥー教の一部では、ガネーシャは、シヴァとパールバーティーの子とされます。軍荼利明王と降三世明王が、シヴァ親子を倒すということになります。仏教のヒンドゥー教に対する優位を説いていますが、やはりヒンドゥー教としてはとんでもないことでしょう。ヒンドゥー教では、シヴァもガネーシャも大人気の神様で、多くの信仰を集めています。

軍荼利明王は、正式名、甘露軍荼利菩薩で、これはサンスクリットのアムリタ・クンダリンを音写したものです。アムリタは不死の薬、クンダリンは水瓶ととぐろを巻いた蛇を意味します。そのため、体に蛇が巻き付いています。

軍荼利明王の修法は、にくい相手を呪い殺すというものではなく、病気の治癒を目的としたものが多いです。通常の治療では、なかなか治らない病気は、生霊や死霊が原因とされました。

軍荼利明王の真言は、こうした生霊や死霊を呪縛・調伏するのです。

あと、軍荼利明王の修法には、変わった使い方があります。軍荼利明王は、ガネーシャ（聖天、歓喜天）を調伏しました。この聖天は、人々の願いをかなえるというご利益があります。ただ、聖天が、なかなか願いを聞き入れてくれない場合、この軍荼利明王の修法で、聖天にプレッシャーをかけて願いを実現するという方法です。願いをかなえるため、神を明王によって脅すという、ちょっと人道的にどうかと思います。ただ、間接的ではありますが、軍荼利明王の修法が、願望成就に使われることになります。

### ◆金剛夜叉明王

金剛夜叉明王は、三面六臂で、正面の顔には眼が五つもあります。右手に五鈷杵・箭・剣を、左手に金剛鈴・弓・輪を持っています。また、火焔光背（かえんこうはい）を後ろに背負っています。

もともとは、人を食らう夜叉でしたが、大日如来に調伏され、仏教の守護神となりました。

そして、悪人だけを食らうようになったそうです。それでも、怖いですね。悪神が仏教に帰依して、善神になるパターンはよくあります。荼枳尼天や聖天なども同じように、護法善神となった例ですが、これらは「天」です。夜叉は、この「天」よりも上位である「明王」になっていますので、ちょっと特別な昇進と言えます。

もともと人を喰らっていたという性格からか、戦勝祈願に使われました。源平合戦で使われたと言われています。また、貴族の場合、政治闘争で相手を呪うために祈られたとも言われています。さらに、修法の際、明王の中でもその扱い方も相当気を付けないといけない尊格です。

これは、後述します。

## ◆烏枢沙摩明王（うすさまみょうおう）

前述しましたが、天台宗では、金剛夜叉明王の代わりに烏枢沙摩明王が五大明王に入ります。明王は、忿怒相で怖いイメージがありますが、この烏枢沙摩明王は、トイレの神様として祀られているちょっとユニークな尊格です。あらゆる不浄を清める力を持った明王で、炎につつまれた表現がされています。そう、不浄なところ、すなわちトイレを浄化する働きがあると考えられ、それでトイレの神様として祀られています。天台宗のお寺や四国の霊場などでは、トイレに烏枢沙摩明王のお札が貼られているのを目にします。

烏枢沙摩明王の像容は、他の明王と比べて一定していません。様々なバージョンがあります。ただ、忿怒相と火炎は共通しています。さらに、他の明王と比べますと若干痩身になっています。これは、どのバージョンでも共通しています。何か意味があるのでしょうか。興味深いです。

このように烏枢沙摩明王は平和的な明王ですが、調伏にも使われることがあります。ただし、この場合も、敵がこちらに対する憎悪の心が消滅して、服従するといったものです。呪殺等からは、縁遠い明王です。

### ◆五壇法

これまで、五大明王とその修法についてお話ししてきました。不動明王、降三世明王、軍荼利明王は、強力な力を持った明王ですが、にくい相手を呪殺するというよりは、敵を降伏させたり、物の怪を退治したりといった働きが中心です。トイレの神様、烏枢沙摩明王はさらに平和的です。やはり、敵を殲滅するのは、大威徳明王や金剛夜叉明王の修法となります。ただし、金剛夜叉明王は単独で修法がされることは多くはありませんので、呪殺といったら大威徳明王が中心となります。

ところで、この五大明王をいっしょに祀る修法があります。これが、五壇法です。五大明王を個別の明王ごとに別壇に祀り、それぞれの明王に担当者がつきます。一尊だけでも強力なのに、五尊をいっしょにしますので、とんでもないパワーが期待されます。これは、平安時代密教の隆盛とともにブームになった日本独自の修法です。五大明王を勧請するため、五大明王法とも呼ばれます。前述しましたように、中央に不動明王、東壇に降三世明王、南壇に軍荼利明王、西壇に大威徳明王、北壇に金剛夜叉明王が配置されます。繰り返しになりますが、真言宗と天台宗で北の明王が違っており、天台宗では、金剛夜叉明王の代わりに烏枢沙摩明王が配置されます。現世利益の祈祷が中心で、息災や調伏で、とくに国家の重大事に用いられます。息災の場合は、もちろん天皇の病気治癒であり、調伏が国家の外敵に用いられました。

この五壇法で、注意しなければならないのが、金剛夜叉明王です。金剛夜叉明王には、修法に詳しいベテランが配置すべきだと言われています。四十歳未満の者が、金剛夜叉明王を担当すると、自らを害し、さらには周りの者も傷つけてしまいます。また、行者が悪心を持ってしまっても、自他ともに傷つけてしまうそうです。どうも金剛夜叉明王は、他の明王と比べて扱いづらい存在みたいです。もともと、障礙神であったのが、護法善神に変わったという経歴が影響しているのかもしれません。こうした経歴を持っているのは、五大明王な中では金剛夜叉明王のみです。

以上、五大明王の修法についてご説明してきましたが、次にその他の密教の尊格を祀った修法について見ていきたいと思います。

## ◆大元帥明王（だいげんみょうおう）

五大明王の修法以外で、もっとも怖ろしいとされているのが、大元帥明王を本尊とする大元帥法です。この修法は、天皇だけが使えるという、特別な外敵調伏法です。

この大元帥明王は、もともとは子供を喰い殺す夜叉でしたが、仏教により改心し、仏法を護る明王となりました。金剛夜叉明王と類似した経歴です。その姿は、いろいろなバージョンがありますが、どれも怖ろしいです。

大元帥法は、八三九年に入唐八家の一人常暁（生年不詳〜八六七）が唐から伝えました。平将門や藤原純友（生年不詳〜九四一）の乱（天慶の乱）で、使われたと言われています。平将門呪詛には、この大元帥法の他、これまでご紹介しました四天王法と大威徳明王法が使われました。当時、この三つの修法が、もっとも強力な呪詛だったのでしょう。

天皇だけが、密教僧にこの法の実行を命令できることから、よほど強力な呪術であったと想像できます。ちなみに、藤原道長（九六六〜一〇二八）のライバル、藤原伊周（九七四〜一〇一〇）が天皇でもないのにこの呪術を行わせたという嫌疑をかけられ、大宰府に左遷されています。それほど、朝廷にとって重要なものだったのでしょう。

大元帥法は、平安時代から江戸時代の終わりまで、毎年正月八日から十七日間宮中の治部省の施設内で行われていました。明治以降は、大元帥法が民間で行われるようになり、日露戦争や太平洋戦争でも使われました。一九〇四年、日露戦争での勝利を祈願して、弘明寺に大元帥明王立像が制作されました。また、都市伝説として、太平洋戦争時、アメリカ大統領フランクリン・ルーズベルト（一八八二〜一九四五）が終戦直前に亡くなりましたが、これが、大元帥法によるものだと伝わっています。

## ◆愛染明王

次は、愛染明王です。五大明王ではありませんが、非常に人気のある尊格です。明王と言いますと、不動明王を中心に、忿怒相で怖いイメージがあります（孔雀明王は別ですが）。そして、その功徳の多くは、敵の調伏です。ただ、そうした中で、愛染明王の修法は、敬愛法（恋愛成就）などで用いられます。愛染明王は、三目一面六臂で、他の明王同様忿怒相で、頭上に獅子の冠を頂いています。体が赤いのが特徴です。まさに明王らしい像容ですが、愛を願う尊格でもあります。

まず、愛染明王の敬愛法を見てみましょう。好きな人といっしょになりたいという願望をかなえる修法が敬愛法です。その一つが、オシドリを使った敬愛法です。おしどり夫婦と呼ばれるくらいですから、効力がありそうです。

雌雄ペアのオシドリを捕まえて、それぞれの尾羽を一枚ずつ抜きます。そして、雄の尾羽に男性の名前を、雌の尾羽には女性の名前を書きます。この二枚の尾羽をぴったりと重ね合わせ紙で包み、真言を唱えます。依頼者は、これを首にかけているとターゲットの異性と結ばれるそうです。願いが叶い、まさにおしどり夫婦のように、末永くいっしょにいられれば良いですね。

ところで、オシドリの繁殖期は冬で、そのときには雄は非常にきれいな羽につつまれていま す。そして、求愛のダンスで雌を射止めます。しかし、春にはメスと別れ、羽も地味なものになってしまいます。そして、冬には再び雌を射止めますが、昨年と違う相手です。そうすると、オシドリを使った敬愛法は、少し心配になります。

ただ、愛染明王もやはり明王ですので、その修法には、調伏法があります。有名なのが、平安時代後期の後冷泉天皇（一〇二五～一〇六八）呪詛です。『阿娑縛抄（あさばしょう）』によりますと、天皇の皇太子（後の後三条天皇（一〇三四～一〇七三））の護持僧である小野成尊（一〇一二～一〇七四）が、天皇の在位が長く、それを皇太子が悲しんでいるのを見て、愛染明王の調伏法を修しました。すると、ほどなくして後冷泉天皇が崩御されたというものです。そして、皇太子が後三条天皇として即位しました（皇太子は、後冷泉天皇の弟になります）。天皇を呪詛する愛染明王の調伏法は、敬愛法からは想像できません。ただ、このころから、愛染明王の信仰が大きく普及していくことになります。

それではこの調伏法とはどのようなものだったのでしょうか。これは、愛染明王の六臂と関わっています。左の第一手は五鈷鈴を、右の第一手は五鈷杵を持ち、息災を表しています。左の第二手は弓を、右の第二手は矢を持ち、敬愛を表しています。最後の左の第三手については経典による記載はなく、右の第三手は蓮華を持ち、降伏（調伏）を表しています。調伏法は、この第三手で行われます。

　特定の持ち物が記載されていない左の第三手に、依頼者または呪詛のメリットを受ける人の「心性」が当てられます。今回の呪詛では、後三条天皇の「心性」になります。そして、右の第三手に持つ蓮華で、調伏する相手（ここでは、後冷泉天皇）を打つということになります。つまり、後三条天皇の「心性」が、蓮華でもって後冷泉天皇を打つということになるそうです。蓮華がこのように調伏に使われるのは、ちょっと不思議な気がしますが。ただ、愛染明王の敬愛法でも、この左手第三手が使われます。その場合、ここに好きな相手の名を書いた札を持たせるのです。これで、恋が成就します。

　ところで、この愛染明王の調伏法を行ったとされる小野成尊は、数々の霊験を示した仁海（にんがい）（九五一～一〇四六）の弟子です。仁海については、別の章でご紹介します。

## ◆三尊合行法

五壇法は、五大明王を同時に祈祷するものでしたが、仏・菩薩と明王を混ぜて祈祷するといったハイブリッドな修法があります。これが、三尊合行法です。三尊合行法は、一仏（菩薩）、二明王を同時に祈祷するという、真言密教の究極的な奥義として用いられました。醍醐寺系の小野流からはじまり、後醍醐天皇（一二八八～一三三九）の持僧、文観（一二七八～一三五七）がその思想を集大成したと言われています。

三尊の構成ですが、中央に如意宝珠／如意輪観音、その両脇に不動明王・愛染明王を配置されます。両極が同じであるという、不二性が表現されています。つまり、不動明王・愛染明王を対立する両極として、それをさらに止揚したのが究極であり、これが如意宝珠／如意輪観音となります。不動明王は月及び金剛界を、愛染明王は日及び胎蔵界を表します。ただし、拝む場合は、如意宝珠／如意輪観音だけでなく、三尊すべてが対象となります。すなわち、三尊一体となります。また、神仏習合の観点からは、中心の如意宝珠／如意輪観音は、天照大神となります。そして、この三尊一体が空海（七七四～八三五）としてとらえられます。行者は、この三尊一体、空海の身体を自らに取り入れて、不二の悟りに至ることができます。その悟り（即身成仏）へのプロセスを視覚化したのが、三尊合行法及びその図像であると言えます。
次からは、明王以外の尊格による修法をご紹介します。

### ◆執金剛神（しゅこんごうじん）

執金剛神は、金剛杵を持った護法善神です。仁王（密迹・那羅延）と同じとされますが、仁王が二体であるのに対し、執金剛神は単独の造形です。その起源は、ギリシア神話のヘラクレスにあると言われています。ヘレニズム文化の影響が、インドに渡り、それが日本に来たと考えられます。日本での執金剛神像の作例としては、東大寺・法華堂のものが有名です。

ところで、この執金剛神は呪詛のために使われました。文明元年（一四六九年）、京都醍醐寺で、周辺の村人たちが寺に納める年貢を下げるように訴える暴動が起りました。このとき醍醐寺側は、この執金剛神の呪詛を村人に使用しました。そのため、次々と村人が病死したと伝わっています。一般民衆を殺すのに、護法善神が使われたのです。もちろん、僧兵も動員されたそうです。

現在、醍醐寺には仁王像はありますが、これが呪詛に使われたことはないように思います。執金剛神像は現在の醍醐寺にはありませんが、平安時代末期にその存在があったと伝えられていますので、この像が使われたのかもしれません。

## ◆摩利支天（まりしてん）

摩利支天は、陽炎が神格化した神様で、インドの『リグ・ヴェーダ』に登場するウシャスという暁の女神が原型であるとも言われています。様々な魔障から守ってくれるとされる神様ですので、武士からも深い信仰を得ていました。楠木正成（一二九四〜一三三六）、毛利元就（一四九七〜一五七一）、立花宗茂（一五六七〜一六四三）なども信仰していたと伝わっています。いかなる攻撃にも、耐えることができるとされましたので、攻撃型ではなく、防御型なのかもしれません。

像容は、二臂像、三面六臂像、三面八臂像など様々なバージョンがあります。猪に乗っているのも多く、ユニークです。天女で表現されることが多いですが、男性形も少ないですがあります。

摩利支天の修法は、怨霊や物の怪の退治にも使われたそうです。摩利支天の修法では、こうした鬼神などを呪縛するそうです。通常の祓いと違うのは、呪縛した鬼神を使役することもできることです。まさに、一石二鳥です。さらには、百体の鬼の像をつくって、それを修法によって自由自在に使役するという、より積極的な方法もあります。

### ◆深沙大将（じんじゃだいしょう）

深沙大将は、『大般若経』を守護する十六善神の一つであり、毘沙門天の化身または眷属です。玄奘三蔵が、流砂で危機に陥ったときに助けてくれた仏法守護神であります。『西遊記』でお馴染みである沙悟浄のモデルではないかと言われています。災いから救ってくれる神様です。ただ、その姿は異様です。『覚禅抄』では、頭は火炎、口は血河、ドクロの首飾り、畜皮の衣、象皮の袴、童子の腹巻、蓮華を踏む足と記載されています。膝頭から二頭の象の顔が出ているのには驚かされます。それだけ、深沙大将が強力なのでしょう。また、腹部に童子の人面（じんめん）が表わされています。これも異様ですね。中国での深沙大将が、童子の姿であったという伝承がありますので、その影響かもしれません。

深沙大将の修法に、三十二種成弁秘密法があります。代表的なのは、悪人を調伏するもので、手印、忿怒心、真言をもって成就します。

## ◆六字経法

これまで、仏・菩薩、明王など様々な主尊を祀った修法をご紹介しましたが、以下では、主尊が定まっていない、あるいは主尊が曼荼羅であるなど、ちょっと変わった修法についてお話しします。

まず、平安時代から、強力な調伏法として六字経法があります。興味深いのは、流派によって本尊が異なることです。六字尊（六字明王）、聖観音、六観音、五大明王などです。息災法なども六字経法が使われたということですが、調伏法の場合は六字尊が本尊となることが多いそうです。六字尊は、一面六臂で、身体は青黒いです。そのため、黒六字とも呼ばれます。六字尊は、六字明王と言われることもあり、明王の一尊ともとらえられています。ただし、顔は明王の典型的な忿怒相ではなく、仏・菩薩のような柔和なお顔です。孔雀明王と通じるところがあります。でも、この本尊で、調伏や呪詛が行われたと考えますと、ちょっと不思議な感じがします。院政期に信仰が高まり、とくに白河上皇（一〇五三～一一二九）の信仰が厚かったそうです。自身が建立した法勝寺には、この六字尊が安置されていたそうです。残念ながら、法勝寺は廃寺となってしまいましたので、現在、この六字尊像を見ることはできません。白河上皇の次の鳥羽上皇（一一〇三～一一五六）は、この六字経法で呪詛を行ったと言われています。一見、息災法に見せて、実は調伏法を行っていたということです。

鳥羽上皇が六字経法を呪詛に使いましたが、院政期よりも以前に、天皇が六字経法を呪詛に使ったという伝承があります。それが、清和天皇（八五〇～八八一）の誕生につながったというお話しです。

文徳天皇（八二七～八五八）の後継に、二人の皇子（異母兄弟）が争うことになりました。第一皇子惟喬（これたか）親王（八四四～八九七）と第四皇子惟仁（これひと）親王です。そのとき、それぞれの皇子に真言僧がつきました。真済（しんぜい）（八〇〇～八六〇）と真雅（しんが）（八〇一～八七九）です。真済は惟喬親王に、真雅は惟仁親王にそれぞれつきました。

そして、文徳天皇が、惟仁親王側の真雅に命じて、六字経法で真済側を調伏したというものです。その結果、惟仁親王が清和天皇になったとされています。

ただし、これはちょっと変なお話しです。惟仁親王には、三人の異母兄がいましたが、母方の身分や力から有力な後継者でした。ただし、幼少だったので、文徳天皇は、中継ぎに長兄の惟喬親王を天皇にしようと考えていたそうです。この文徳天皇が、惟仁親王のために、自らが後継にしようと考えている惟喬親王側に呪詛を行うのでしょうか。ちょっと不思議な気がします。

## ◆尊勝法

尊勝法は、息災・増益・滅罪・延命などを祈る密教修法です。尊勝曼荼羅が用いられ、尊勝陀羅尼を誦して祈願されます。曼荼羅は、善無畏訳『尊勝仏頂修瑜伽法軌儀』に基づいて描かれています。中心の一尊（金剛界の大日如来）と、周りの八尊から構成されています。

大御室の性信（一一八七〜一二七五）は、占星術で十八歳の命であると言われました。そのため、十八歳のときに尊勝法が用いられました。なんと、閻魔大王の王宮のろうそくに火がつき、地獄の者が消そうとしても消せません。その結果、十八歳の寿命が八十歳になったそうです。まさに延命を祈る密教修法です。

この尊勝陀羅尼は、百鬼夜行に遭ったときも有効です。尊勝陀羅尼を書いた紙を持っていれば、百鬼夜行から逃れられます。『今昔物語集』では、大納言左大将の藤原常行（八三六～八七五）が、百鬼夜行に遭遇したことが載せられています。彼は、間一髪のところで、衣の襟の裏に縫い付けてあった尊勝陀羅尼のおかげで、この難を逃れることができました。

京都東寺には、尊勝陀羅尼の碑があります。亀が石碑を背負っていますが、実はこれは亀ではなく、「贔屓」という竜の子です。この贔屓は、重いものを背負うことを好みますので、大切な陀羅尼を背負っています。

## ◆転法輪法

密教の修法に転法輪法があります。転法輪は、もともとお釈迦様の説法を意味しています。

これが、呪殺の修法となるのはなんとも奇妙です。お釈迦様の説法は、人々の煩悩を打ち砕くというメタファーがありますので、これが敵を倒すというようにとらえられたのかもしれません。

『転法輪菩薩摧魔怨敵法』が元となっています。この修法では、外敵によって国家の安全が侵されそうになったとき、転法輪筒を壇上に安置して行われます。そして、筒の中に敵の姿や名を記した紙を入れるそうです。名前を記した紙の人形（ひとがた）が使われます。修法の最後には、この人形は焼かれてしまいます。本尊は、転法輪菩薩など諸説あります。ただ、明王ではなく、菩薩が調伏の本尊になるのは珍しいです。また、修法が確立しているのに、本尊が決まらないというのも興味深いです。とにかく、お釈迦様の説法が調伏の呪法となったことを、もしお釈迦様が知ったら驚かれることでしょう。ちょっと複雑な気持ちになります。

## ◆阿尾奢法（あびしゃほう）

悪霊や物の怪による病気治療法として、阿尾奢法という密教修法があります。子供を「よりまし」にして、病気をもたらす物の怪を憑かせたり、この物の怪を退治する護法童子を憑かせたりします。

この修法は、インド発祥ですが、インドでは、予言を受けるために行われていたそうです。それが、中国に渡り、病気治療に行われるようになったみたいです。その理由はわかりません。また、中国では、この修法は流行らず、日本で人気を得ます。中国では、よりましに憑いた物の怪に名前を言わせて調伏するそうです。これは、西洋の悪魔祓いと似ています。悪魔祓いでも、悪魔に名前を言わせて、その名前を知ることによって、悪魔に強い力を及ぼすことができます。どこかで、東洋と西洋の修法がつながっているように思います。

阿尾奢法というとよりましですが、よりましを使わない方法もあったそうです。これは、病人自身に護法童子を憑かせて、物の怪などを退治する方法です。よりましを使う場合は、よりましに護法童子などを憑かせ、さらに病気の原因となっている物の怪を憑かせます。そして、この物の怪を調伏するのです。

清少納言（生没年不詳）の『枕草子』に、阿尾奢法が登場します。阿尾奢法とは表記されていませんが、内容的には阿尾奢法あるいはそれに類似した修法だと考えられます。修験者が、よりましとともに、物の怪を調伏するといって、読経していましたが、物の怪が退散しません。

なかなか護法童子がよりましにのりうつりません。疲れた修験者は、髪をかき上げ、あくびをして寝てしまったそうです。これを見ていた清少納言は、興ざめだと言います。厳しいですね。ただ、清少納言は、密教修法だけでなく、陰陽道にも厳しいです。法師陰陽師が、紙冠を着けて、お祓いをすることが見苦しいと苦言しています。当時、僧がアルバイトで法師陰陽師をやっていることもありました。そのとき、僧は神に嫌われているので、紙冠を着けて僧であることを隠すのです。

# 第五章　怪しい僧たち

## ◆空海　～呪詛合戦～

　これまで、密教の呪術について見てきましたが、次にそうした呪術を行った代表的な僧をご紹介したいと思います。まずは、なんといっても空海（七七四～八三五）です。空海は、真言宗の開祖で、同じく天台宗の開祖最澄（七六七～八二二）とともに、平安時代の仏教を形づくった人です。真言密教を日本にもたらしたため、密教の最大のキーマンと言えます。そのため、密教系呪術の開祖で、大呪術者としてのイメージも定着しています

　呪術者空海としては、その験力がどれほど大きかったのかということが重要になります。そのため、空海については、ライバルたちとの験力比べのお話しが多いです。空海のライバルとして、『古事談』では守敏（しゅびん）（生没年不詳）、『今昔物語集』では修円（しゅえん）（七七一～八三五）が登場します。どちらも験力比べで、最後は空海が勝利していますが、受け取る印象は対照的です。守敏との対決は、祈雨の験比べです。どちらが、広範囲に雨を降らせること

ができるかを競います。守敏の後、空海が祈祷を行いますが、守敏は験力でそれを妨害します。この妨害にも関わらず、空海は勝利します。ここでは、空海はまさにヒーローです。

一方、修円との戦いのきっかけは空海がつくります。修円が、天皇の前で、生の栗を法力で煮るところを、空海が法力で妨害しました。これに、修円が怒り、お互い憎みあいます。そして、呪詛合戦での殺し合いが始まってしまいます。お互いの法力は拮抗していたので、なかなか勝負がつきませんでした。そこで、空海は自分が死んだと弟子に広めさせ、修円が油断したところを呪殺しました。いわゆるだまし討ちで、空海はヒーローとは正反対です。また、仏に仕える僧が、お互いを呪詛で殺し合うということもただ事ではありません。『今昔物語集』では、行く末々で、人々の悪行をとどめるために、二人がこのようなことを行ったと理由づけをしています。自らが悪行をやることによって、後世の人々にその愚かさを知らしめるという意味だと思われます。ただ、空海と修円は同じ年に亡くなっていますが、空海の方が早いです。この話は、事実関係がおかしいです。

また、『古事談』での祈雨の験比べは、空海のライバルは守敏ではなく、修円だとする資料があるそうです。そうすると、空海は二度同じ相手と験比べをしたことになりますが、ちょっと話のつじつまが合わなくなってしまいます。

## ◆相応　〜生身の不動明王〜

平安前期の天台僧、相応（八三一〜九一八）は、その霊験の高さから、「生身の不動明王」と呼ばれていました。十五歳の時比叡山に登り、十七歳で出家しました。天台座主円仁（七九四〜八六四）から認められ、不動明王法や護摩法を伝授されます。そして、比良山の葛川に籠り、生身の不動明王を感得しました。密教僧と修験者が、ミックスされたような人です。相応は、千日回峰行の祖と言われています。また、数多くの霊験譚が伝えられています。とくに、天皇や貴族に対して数々の病気を治したことから、生身の不動明王と呼ばれました。

霊験譚の初めは、西三条女御の病気を治癒させたことです。彼女は、重病に苦しんでいました。多くの高僧が加持祈祷を行いましたが、なかなか治癒しません。そこに、円仁の命で派遣された相応が登場すると、たちまち西三条女御に憑いていた悪霊を捕縛しました。また、清和天皇の虫歯を読経で治したりもしました。その後、多くの人々を救った霊験譚が残されています。

生身の不動明王と言われた相応ですが、最大の危機は、染殿の后に憑いた天狗との対決です。すでに少しお話ししましたが、ここでは詳細にご説明します。これは、『古事談』でのお話しになります。『今昔物語集』にも、染殿の后のお話が書かれています。『今昔物語集』では、染殿の后に憑いた物の怪を祓った高僧が、后に恋心を持ってしまい鬼となり、后に憑いてしまうと言うお話です。『古事談』では、その話が少し変わってしまっています。后に憑いたのは、まず鬼ではなく天狗です。ただ、憑き物として鬼も天狗もあまり差はなく、どちらも高僧が堕ちて、鬼や天狗になったものです。『今昔物語集』と『古事談』との大きな違いは、『今昔物語集』ではこの問題は解決されないのですが、『古事談』では解決されます。つまり、『古事談』では天狗が祓われるのです。そして、それを行ったのが相応ということになっています。ただし、苦戦を強いられました。

天狗に憑かれた染殿の后を助けるため、数多くの高僧が召され、加持祈祷を行いますが、効果はありません。そこへ、不動明王の呪に長けた相応が派遣されました。しかし、相応でも祈祷の効果はありませんでした。落ち込んだ相応は、不動明王に助けを求めます。しかし、不動明王は、なぜか相応を避けます。とうとう、相応は、不動明王に自分を避ける理由を問いただしました。すると、不動明王が伝えるには、天狗の正体が紀僧正（真済）（八〇〇～八六〇）であり、人間であったとき不動明王を信奉していたと言います。そのため、不動明王は、天狗を守らなければならないのです。不動明王の呪が効かないのは、そのためだったのです。そして、不動明王は、相応に大威徳明王の呪を唱えるようアドバイスしました。そして、相応は、この大威徳明王の呪によって、天狗を調伏しました。

ところで、この天狗の正体は、真済となっています。六字経法のところでご紹介した真済です。真済は、空海の十大弟子の一人で、僧正にまでなっている優れた真言僧です。この真済は、文徳天皇の後継問題で、真雅との呪詛合戦で敗れています。その結果、清和天皇が誕生しています。真雅が用いたのが六字経法でしたが、真済は不動明王法で対抗したのでしょうか。とにかく敗れた真済は、その恨みから天狗になったのでしょうか。ただし、前述しましたようにこの呪詛合戦と清和天皇が誕生のお話は、矛盾したところがあることは確かです。

## ◆尊意　～菅原道真の怨霊と対決～

尊意（八六六～九四〇）は天台宗の僧で、九二六年（延長四年）に十三世天台座主に任ぜられました。仏頂尊勝法の達人でもあります。菅原道真の怨霊による清涼殿落雷事件で醍醐天皇（八八五～九三〇）を加持し、平将門（九〇三～九四〇）の乱に大威徳明王法を修しました。

『北野天神縁起絵巻』には、尊意と菅原道真の怨霊との対決の様子が記されています。延暦寺の尊意のもとに道真の怨霊が現れます。尊意は、ザクロの実でもてなしました。道真は、尊意に自分の復讐を止めないよう頼みます。しかし、尊意は、天皇から二度三度と要請があれば、断る事はできないと伝えました。すると、道真は激怒し、ザクロを口に含んで種ごと吹き出しました。この種は、炎となって迫ります。それを、尊意は術で水を放ち消し止めました。道真は出ていきましたが、尊意は、道真を追って、鴨川まで来ました。すると、川の水位が上がり、町中に水が流れていきました。尊意は、手にした数珠で祈ると、水の流れは二つに分かれ一つの石が現れます。そして、その石の上に道真は立ち、雲の上に飛び去りました。この石は、登天石と呼ばれ、現在、水火天満宮の境内にあります。

## ◆性信　~神を呪縛する僧~

性信（一〇〇五~一〇八五）は、仁和寺の第二世門跡で、密教修法で多くの人々の病気を治したことで有名です。とくに孔雀経法を使ったとされています。『古事談』には、数多くの性信の逸話が収録されています。藤原教通（九九六~一〇七五）が、死に至る腫瘍が背中にできたが、性信の孔雀経法で治癒しました。教通の長女、藤原生子（せいし）（一〇一四～一〇六八）も両手の瘡を治してもらっています。さらに、教通の三男信長（一〇二二～一〇九四）もマラリアのような病気にかかりましたが、性信の孔雀経法で回復しています。教通一家の信頼があつかったのでしょうか。さらに驚くべきことは、性信は、死者の蘇生まで行っています。藤原伊綱（生年不詳～一〇七七）の五歳の娘が亡くなりましたが、性信が念じると娘が生き返ったそうです。性信本人だけでなく、性信の食べ物や袈裟に験力が備わっていたり、性信の近くに行くことによって病気が治ったりした話など数多くあります。

そうした中で、性信の験力のすごさをもっとも示しているのが、神の呪縛です。家宗という人の奥さんが病気になり、二人は仁和寺の性信のもとに訪れます。性信の加持祈祷で、見事に奥さんの病気が治りました。夫婦は、喜んで帰宅しました。その後、家宗の義母に何かがとり憑き、家宗に自分を解放するよう頼みます。名前を聞くと、住吉大明神だと言います。この前の性信の加持で、呪縛されてしまったのだそうです。そこで、家宗は、再び性信を訪れて、住吉大明神の呪縛を解いてもらったというお話しです。

病気の原因が、住吉大明神であったというのも驚きです。住吉大明神は、仲哀天皇（生没年不詳）が、そのお告げに従わなかったために、亡くなってしまったという怖ろしい神です。その神を呪縛する性信の験力もすごさを物語っています。役小角が、一言主の神を孔雀王の呪法で縛ったのと似ています。

## ◆仁海（にんがい）　～肉食の僧～

仁海（九五一～一〇四六）は、平安時代の真言宗の僧で、牛皮山曼荼羅寺（現在の随心院）で小野流を始めました。この寺院の名前の由来に、仁海の母の伝承があります。仁海は、ある夜、亡き母が牛に生まれ変わっていることを夢に見ます。早速、その牛を見つけて飼いましたが、死んでしまいました。仁海は、悲しみの中、その牛の皮に両界曼荼羅を描き、本像にしたと言われています。これが、牛皮曼荼羅です。残念ながら、この曼荼羅は承久の乱で焼失してしまいました。似たような話は、仁海の父にもあります。『古事談』では、仁海は、亡き父が牛になった夢をみます。そして、その牛を飼いました。ただ、再び夢で父が、労役がないと罪が軽くならないと伝えたので、時々牛を田舎連れていき働かせました。その後、父が迷いを脱したというお告げの夢を見ました。父母どちらの話も似ていますので、なんらかの関係があったのでしょうか。また、仁海は、空海にたいへん似ていたと伝わっています。言い換えれば、空海の再来であると考えられていた可能性があります。

仁海と言えば、請雨経法で七度（九度とする説もあります）、雨を降らしたことが有名です。この験力が評価され、晩年にとんでもなく出世します。東大寺別当、東寺長者を歴任しました。この神通力や、異例の出世はどこから来たのでしょうか。その一つとして伝わっているのが、仁海が、茶枳尼天（だきにてん）の法を使ったといううわさです。詳細は別の章で説明しますが、茶枳尼天は、もともと人肉を食べる怖ろしい神でしたが、その後仏教に帰依しました。それでも、死人の心臓は食べます。こうした強烈なプロフィールを持つ茶枳尼天ですので、願いをかなえる力はたいへん大きいとされました。ただし、その反動も大きく、使い方を誤ると、とんでもない罰を受けると言われました。そのため、この茶枳尼天の法は外法とされました。それでは、どうして仁海と茶枳尼天の法が結びついたのでしょうか。その一つの理由が、仁海が、僧では珍しく、鶏肉を食べていたということです。『古事談』では、仁海は雀を食べたと記されています。肉食で、両者は結びついたのかもしれません。肉食のおかげか、仁海は、平安時代であるのにもかかわらず、九十六歳まで生きました。これこそ、茶枳尼天法のおかげだったのかもしれません。

話は逸れますが、肉食と言えば永超（ようちょう）（一〇一四～一〇九五）も有名です。永超の場合は、鳥ではなく魚食です。永超は、興福寺の学生でしたが、法隆寺別当にまでなった人です。『宇治拾遺物語』などで語られていますが、永超は、魚が大好きで、魚がないと食事ができなかったそうです。朝廷の法会を勤めた際、京都に滞在して、魚を食べずに衰弱してしまいました。奈良への帰路、弟子が民家で魚をもらって永超に食べさせました。この民家の者が、夢を見ます。夢で、怖ろしい者たちが、家々に印をつけていきますが、この魚を提供した家だけは印をつけません。理由を聞くと、「永超僧都に魚をさしあげた所だからつけない」と言います。その後、疫病がはやり魚を提供した家以外は大勢の人が亡くなりました。僧に魚を与えることが功徳になるのは興味深いです。

### ◆余慶（よけい）　～醜聞を広めた相手を悶絶～

延暦寺と三井寺は対立関係にありました。もともと延暦寺にあった二派の対立から来ています。円仁の流れをくむ山門派、円珍（八一四～八九一）の流れをくむ寺門派です。この寺門派が、延暦寺を離れ、三井寺を本拠にします。この寺門派の発展に大きく貢献したのが余慶（九一四～九九一）です。余慶は園城寺（三井寺）長吏となった後、法性寺座主となりますが、山門派の反対で辞任します。さらに、延暦寺座主に就任しましたが、これも山門派の反対で三ヶ月で辞任となっています。

あるとき、この余慶に醜聞が出ました。藤原文範（九〇九～九九六）が、余慶が人妻と関係しているという醜聞を広めたのです。身に覚えのない余慶は、文範の家に行きますが、文範は会おうとしません。そこで、余慶は、祈祷で文範を悶絶させました。文範は、三日間死んだような状態になっていました。文範の家族が、余慶に謝り、術を解いてもらったということです。

## ◆深覚（じんがく）　～プレッシャーの中での祈雨の祈祷～

深覚（九五五～一〇四三）は、平安時代中期の真言宗の僧で、藤原師輔（もろすけ）（九〇九～九六〇）の十一男です。『古事談』に深覚の祈雨の祈祷に関するお話しがあります。日照りが一か月になり、朝廷は様々な僧に祈雨の祈祷を行わせましたが効果がありませんでした。そこで、深覚が登場します。だいたい、こういうお話は、僧が自信を持って祈祷を行い、成功するというものですが、深覚の場合は少し違いました。深覚は祈祷のため、一人神泉苑に向かいましたが、ここで弟の内大臣藤原公季（きんすえ）（九五六～一〇二九）が、これを制止します。もし祈祷に失敗したら物笑いになるという理由です。これに対して、深覚は、苦しんでいる人民のため、効果はわからないがとにかく祈ってみると答えました。深覚も、自信がなかったのです。ただこうした人民を助けようとする深覚の志を神仏が見ていられたのか、この祈祷は成功し、人々は歓喜しました。深覚に限らず、祈雨の祈祷は、実際は大きなプレッシャーの中で行われたと思います。名僧であればあるほど、失敗した場合、評判のリスクが大きいからです。

## ◆忠快（ちゅうかい）～天狗と対話～

天狗などの憑き物落としには、調伏の修法が用いられます。つまり、天狗と対決するものです。ところが、調伏ではなく対話で解決する僧がいました。平安末期から鎌倉時代初期に活躍した天台密教僧、忠快（一一五九～一二二七）は、よく鎌倉で修法を行っていました。あるとき、北条時政（一一三八～一二一五）の孫娘が急に息絶えました。早速、忠快が呼ばれました。するると、この孫娘に天狗が憑き、様々なことを語り始めました。忠快は、この天狗が高貴な方であることを見抜きました。何か思いつめたことが原因で魔道に堕ちたと感づき、経を読み始め、菩提を祈りました。そして、忠快は天狗に名前を聞くと、少女は「権少僧都良実」と書きました。忠快は、丁重にこの天狗と物語などをしました。天狗が言うには、孫娘に危害を加える気がなく、たまたまこの場所を通ったときに、娘と目があってしまったということです。そして、天狗は去り、孫娘は回復しました。調伏の修法ではなく、対話で問題を解決したのです。

ところで、この忠快は、平清盛（一一一八～一一八一）の甥にあたります。壇の浦で生け捕りとなり、伊豆に流されたことがあります。北条氏とは、ちょっと複雑な関係です。

## ◆文観（もんかん）～邪教の妖僧（濡れ衣）～

文観（一二七八～一三五七）は、鎌倉時代後期から南北朝時代にかけての真言宗の僧で、後醍醐天皇（一二八八～一三三九）の護持僧として活躍しました。まさに後醍醐天皇の腹心でした。後醍醐天皇の肖像画『絹本著色後醍醐天皇御像』では、天皇は、弘法大師空海の袈裟を着て、右手に金剛杵（こんごうしょ）、左手に金剛鈴（こんごうれい）を持っています。まさに密教僧の姿で、文観の影響の大きさがわかります。

一方、呪術者としての側面を持っており、邪教真言立川流の大成者と言われています。そのためか、現代でも、妖僧と言えば文観がイメージされ、漫画などのキャラクターとして登場します。確かに、十三世紀前半から十四世紀前半にかけて性的儀式を信仰した宗教組織があり、これが真言立川流だと見なされました。しかし、彌永信美氏の研究によりますと、この宗教組織（「彼の法」集団）、文観、真言立川流の三者にはなんら関係がないことが明らかになりました。そして、この性的儀式を行っていたこの宗教団体には名前がないので、彌永信美氏が「彼の法」集団と便宜的に名づけました。この「彼の法」集団につきましては、後の章でご紹介します。とにかく、妖僧文観は、濡れ衣だったのです。反後醍醐天皇である『太平記』でも、文観はあやしい呪術者としての面が強調されています。また、幕府側の真言僧たちも文観はライバルとなりますので、そのようなイメージ操作が行われました。これらが奏功したのでしょう。

## ◆天阿上人（てんなしょうにん）～荼枳尼天の修法～

時代は一気に江戸時代まで下がります。天阿上人（一五九八～一六七四）は、江戸時代初期の真言僧で仏教的稲荷信仰を広めました。伏見稲荷にあった愛染寺の第三代住職です。荼枳尼天と稲荷との一体説を中心に布教しました。平安時代から、荼枳尼天は稲荷と習合していましたので、違和感はないかと思います。ただ、天阿上人は、これに聖天や弁才天なども加えます。また、醍醐寺との関係も強く、そのため醍醐寺系の修験道（当山派）とも関係していたと考えられます。

天阿上人の著作と伝わる「稲荷一流大事」は、まさに荼枳尼天の修法です。さらに、これと関係した経で、天阿上人の著作と伝わる『稲荷心経』があります。この経の最後に唱えられる「稲荷真言（オン　キリカク　ソワカ）」は、荼枳尼天の真言になっていて、荼枳尼天と稲荷が一体となっています。

天阿上人は、狐憑きを退散させる法も広めました。この修法は、愛染寺でないと教えてもらえないものです。多くの験者が学んだと言われています。ただ、愛染寺は現存しません。愛染寺の荼枳尼天は、天阿上人が晩年住職となった神照寺に、現在祀られています。

## ◆祐天　〜悪霊に念仏を勧める〜

祐天（一六三七〜一七一八）は、江戸時代の浄土宗の僧です。これまで、ご紹介した僧は、真言宗や天台宗の密教が中心でしたので、浄土宗というのは珍しいです。ただ、呪術師としても有名でした。増上寺で弟子入りしましたが、できが悪くなんと破門されてしまいます。しかし、その後、成田山新勝寺に籠ったとき霊的な啓示を受け、覚醒したそうです。

祐天が呪術師として名をはせたのは、悪霊払いです。その方法は、悪霊を説き伏せるというものです。悪霊に念仏を勧めることによって成仏させます。浄土宗の本領発揮です。有名なのは、累という女性の亡霊を成仏させたお話しです。このお話は、怪談『真景累ヶ淵』に発展します。

五代将軍徳川綱吉（一六四六〜一七〇九）の生母桂昌院（一六二七〜一七〇五）の帰依を受け、祐天は幕府での地位を確立しました。桂昌院の推挙で、檀林生実大巌寺の住職になります。その後、大奥や皇族でも帰依する人が出てきます。もちろん、民間でも人気は高かったです。順調に出世し、なんと増上寺三十六世になりました。祐天を破門した、あの増上寺です。人生、わからないものです。八十二歳で入寂すると、目黒の善久院（祐天寺）に埋葬されました。

## ◆竹田黙雷（たけだもくらい）〜神様を恐喝する僧〜

竹田黙雷（一八五四〜一九三四）は、明治から昭和にかけて活躍した臨済宗の禅僧です。臨済宗建仁寺派管長を長く務めました。伊藤博文（一八四一〜一九〇九）、鈴木大拙（一八七〇〜一九六六）、新島八重（一八四五〜一九三二）などが師事していたそうです。

禅宗と祈祷とは相いれないように思われますが、黙雷は独特な祈祷を行います。神々に向かって、自分の言うことを聞くように言うのです。聞けば尊敬するが、聞かなかったときは、ただではおかないと恐喝します。人が神よりも上だと考えているのです。そして、主従関係では人が主人で、神が家来です。では、神が言うことを聞かなかったらどうなるのでしょうか。その例を、東福寺の大法会での出来事に見ることができます。この法会では、予想よりも多くの人々が集まったため、食物が足りなくなりました。すると、黙雷は、台所で祀られていた韋駄天像を縄で縛り上げ、お前のせいだと言って、打ちたたきました。すると、まもなく各地から食物が送られてきました。これまでは、呪詛と言えば、神や仏を本尊として祀るものが中心でしたが、神を恐喝するのはたいへん珍しいです。

# 第六章　修験道

## ◆修験道

これまで、陰陽道と密教の呪術についてご紹介してきました。この二つの宗教以外でも修験道の呪術があります。日本独自と言うことができるかもしれませんが、日本の山岳信仰に密教、陰陽道、道教、神道などが加わったハイブリッドのようなものとも考えられます。

修験道は、基本的には、山で修行して、法力を身につけ、里に下りてきて加持祈祷などを行います。山は他界、または他界への接点であります。他界は、祖霊だけではなく、神様や、鬼や天狗などといった魑魅魍魎もいると信じられてきました。こうした山で修行をすることによって、神通力を身につけることができると考えられてきました。そのため、多くの修行者が、山にこもって修行をすることになります。奈良時代から、正式な僧でない者が、山で修行することが行われておりました。平安時代、密教をその理論体系に取り込み、鎌倉時代には「修験道」として体系化されました。その内容は、山岳信仰を基本に、密教、道教、陰陽道など様々な宗教が含まれています。前述しました伝説上の人物役小角も、この時期、修験道の開祖として祭り上げらます。修験道は、民衆にとって僧よりも身近な存在であり、全国に広がっていきました。

一般民衆にとって、寺社よりも修験道の方がなじみ深かったようです。修験道の儀礼や符呪などは、一般民衆は自分たちのものとして取り入れ、それが民間信仰に発展していくこともありました。一方、修験道の方も、民間のニーズに応えるため、泥棒除け、憑き物落とし、安産祈願等々、何でもありの様相を示しています。

こうした修験道の儀礼や符呪は、「秘法集」と呼ばれる次第にまとめられています。様々な秘法集がありますが、そのほとんどは、切紙を集めてまとめられたものです。秘法集の基になっている経典も、仏教、神道などあらゆるものが含まれています。仏典では、大日経、金剛頂経といった密教経典はもちろんですが、般若経、法華経、観音経、仁王経などの一般経典も含まれており、幅広いです。その意味では、あらゆる信仰を含んでいると言えるかもしれません。

## ◆蔵王権現

蔵王権現は、修験道の本尊で、役小角が吉野の金峯山で修行中に感得したと伝わっています。役小角は、千日の修行で、衆生を救う仏の出現を祈りました。そこに、お釈迦様が現れます。でも、役小角は、その姿では乱れた世を救うことができないと言います。そうすると千手観音が現れますが、役小角は承諾しません。次に、弥勒菩薩が現れますが、同様です。役小角は、もっと強いお姿の仏を念じていると、雷鳴とともに、青黒忿怒の相の蔵王権現が火炎を背に現れました。これこそ、乱れた世を救う仏です。密教で、優しい顔では民衆を教化できないため、忿怒相の明王が出現したのと似ています。そして、役小角は、蔵王権現の姿を山桜の木に刻んで、祀りました。これが、金峯山寺のはじまりだそうです。

また、蔵王権現は、釈迦如来、千手観音、弥勒菩薩の三尊の合体したものとされています。伝承でも、この三尊は登場しています。今でも、金峯山寺の蔵王堂にはほとんど同じ姿をした三体の蔵王権現像が本尊として祀られています。

## ◆修験道とシャーマニズム

修験道は、山の神霊の力を用いて、呪術などを行いますので、シャーマニズムとも関係が深いです。宮家準氏は、シャーマニズムとの関係について、脱魂と憑依を指摘しています。

脱魂は、幽体離脱です。魂が体から離れて、様々な他界を訪れるものです。こうしたお話は、たくさん残されていますが、修験道の影響を受けているのだそうです。そして、修験道の脱魂は、時代によって変化していきます。まず、古代では、僧道賢（別名日蔵、生没年不詳）が、執金剛神の導きによって脱魂し、金峰山浄土などに行った後蘇生したというお話があります。古代では、このように不動・護法などの尊格が、修験者を導くというパターンになります。これが、中世になりますと、導くものが天狗に代わり、修験者ではなく子供が脱魂します。そして、近世では、天狗はそのままですが、一般の人（大人）が導かれるようになります。なんか、どんどん大衆化していっているように思います。

憑依はよりましを使います。よりましに憑依させる者には、二種類あります。まず、よりましに守護神霊を憑依させ、依頼者の災難の原因を語らせます。もう一つは、依頼者に憑いた憑き物をよりましに移すというものです。俗に言う、憑き物落としです。この場合は、修験者自身が守護神霊と一体化し、守護神霊の眷属を使役して憑き物を落とします。この方法は、憑祈祷（よりぎとう）に進化して、広く普及します。

## ◆憑祈祷

よりましを使った病気治療は、前述しました密教の阿尾奢法が有名です。この阿尾奢法は、修験道にも取り入れられ憑祈祷として民間に普及します。修験者は、よりましに病気の原因となっている悪霊を憑依させ、その正体を暴くという方法です。ただし、悪霊は自分を大きく見せるため、神仏を語ることがありますが、修験者はこうした嘘を見破る必要があります。本当の名前を聞き出せば、それによって対処法が決まります。名前が重要なのは、前述しましたように、西洋の悪魔祓いと似ているように思います。

よりましは、当初童子童女でありましたが、その後、修験者の妻になっていきました。夫婦での職業になったとも言えます。よりましは、御幣を持ち、目隠しされて、修験者の修法によって、霊を憑依させられます。霊が憑依すると、よりましは、体を震わせるなど憑霊状態を示します。そして、修験者から質問を受けることになります。

この憑祈祷は、たいへん人気になり、修験道だけでなく、他の宗教・宗派にも取り入れられるようになります。

### ◆修験者に操作される神霊

修験者は、様々な神霊を使役します。古代では、修験道の祖役小角が、鬼神を使役して水をくませ薪をとらせていました。平安時代では、修験者は、護法童子を使って、宣託や憑き物落としを行ったとされています。さらには、飯綱も使われるようになります。飯綱は、管狐（くだぎつね）と呼ばれる、狐に似た伝説上の生き物です。ただ、飯綱の法は戦国武将などに人気がありましたが、邪法とされたこともあり、護法童子とは対照的な感じがします。修験者は、こうして使役した神霊を使って、他の修験者とも験比べを行いました。平安時代の天台僧、浄蔵（八九一～九四六）と修入（生没年不詳）がこうした神霊の操作能力を競いあったという逸話が残されています。ところで、近世になりますと、この神霊が、狐、蛇、狸、犬などの動物霊になります。ちょっとオカルト的になります。護法童子から、だいぶ変わってきています。

## ◆九字切り

災難から身を助ける修法として有名なのが、九字切りです。仏教などでもありますが、とくに修験道で使われることが多いようです。中国の道教の影響を受けていると言われています。

まず、独股印を結んで「臨」を唱え、次に大金剛輪印、外獅子印、内獅子印、外縛印、内縛印、智拳印、日輪印、宝瓶印、隠形印の順番で印を結び、「臨・兵・闘・者・皆・陣・列・在・前」を唱えます。そして、五横四縦（横・縦・横・縦・横・縦・横・縦・横の順番）の格子状に線を描きます。呪、印、尊格、九字の順番は以下の通りです。

臨：独股印　毘沙門天　横一
兵：大金剛輪印　十一面観音　縦二
闘：外獅子印　如意輪観音　横三

者：内獅子印　不動明王　縦四
皆：外縛印　愛染明王　横五
陣：内縛印　聖観音　縦六
列：智拳印　阿弥陀如来　横七
在：日輪印　弥勒菩薩　縦八
前：隠形印　文殊菩薩　横九

様々なバージョンがあるそうですので、上記は一例です。また、神仏習合から、九尊の神様も配置されることがあります。

## ◆物の怪退治と修験者

修験道は、物の怪退治にも活躍したみたいです。『紫式部日記』に、紫式部（生没年不詳）が仕える中宮彰子（九八八〜一〇七四）のお産についての興味深い記載があります。ご存じのように、彰子は一条天皇（九八〇～一〇一一）の皇后で、その父はあの藤原道長（九六六～一〇二八）です。彰子の懐妊は、次の天皇の選定に影響しますので、呪詛なども関わってきます。呪詛が、政治的な謀略に用いられる時代です。彰子には、物の怪が憑いていたとされ、お産が危ぶまれました。

道長の力で、ありとあらゆる物の怪ハンターが集められることになります。彰子に憑いている物の怪たちを、よりましに移して、調伏を行おうという修法がとられました。その中心は僧侶ですが、山々で修行した修験者も多かったようです。やはり、山で不思議な験力を身につけた修験者が頼りにされました。もちろん、様々な陰陽師も集められました。物量を投入した調伏のおかげで、物の怪は祓われ、難産ではありましたが、無事に出産となりました。一条天皇の第二皇子・敦成親王（後の後一条天皇です）（一〇〇八～一〇三六）が生まれました。そして、道長の力が増していくことになります。

## ◆軍勝秘呪法（ぐんしょうひじゅほう）とお由羅騒動

時代は、だいぶ下がり、島津藩でのお話しです。お由羅騒動は、藩主・島津斉興（一七九一～一八五九）の後継に、その側室お由羅（一七九五～一八六六）が、自分の子である島津久光（一八一七～一八七七）を藩主にしようと企てた政争です。そのときに、お由羅が、嫡子島津斉彬（一八〇九～一八五八）を呪詛したと言われています。実際、島津斉彬の子女の多くが亡くなっています。そのときに使われた呪詛が、軍勝秘呪法です。

この呪詛は、修験道系で南九州に伝わっていたものです。まず、壇上三門と呼ばれる護摩壇を設けます。香炉を置いて、生贄に猟犬の首を使います。犬神に少し似ているかもしれません。ただ、魚の頭でもかまわないとされています。そして、桑、蘇合香、龍脳、蛇の皮、塩を入れます。さらに、呪う相手の髪の毛や爪などを入れて、百八本の護摩木とともに燃やします。護摩を用いられていますが、日本の密教系というよりは、インド呪術や西洋の黒魔術のような感じもします。ただし、嫡子島津斉彬は、生き残り藩主となります。しかし、その七年後亡くなりましたので、軍勝秘呪法が効いていたのかもしれません。

# 第七章　その他呪詛

## ◆様々な呪術

平安時代以降、陰陽道、密教、修験道などが呪術の代表になりますが、これらがミックスされた、あるいは神道などこれら以外の呪術も登場してきます。以下では、様々な呪術についてご紹介していきます。中には、奇術、算木、囲碁など、これが呪術なのかといったものまでありますので、あらためて呪術の奥深さがわかります。

## ◆清水寺の観音様

まず、最初に京都清水寺の観音様のお話しです。京都観光でもっとも人気のある清水寺ですが、本尊は十一面千手観世音菩薩です。清水寺に限らず、観音様は人々の願いをかなえてくれるので、多くの人々から信仰を集めています。この観音様が呪詛に関係しているというのですから驚きです。

もともと、京都清水寺の観音様のご利益は複雑です。願いが叶うまで、たいへんな忍耐が必要です。『宇治拾遺物語』、『今昔物語集』、『古本説話集』などにそうしたお話があります。例えば、ある女は、長い間清水の観音様に熱心に参拝するのですが、まったく効き目がなく、貧しいままです。何度もあきらめようとしたのですが、結局信仰を捨てなかったため、最後は報われました。別の男は、なかなかご利益がなかったので、他人にこれまでの参拝の功徳を渡してしまい、不幸に見舞われるといったものです。それでも呪詛とは無縁でしたが、説経『しんとく丸』では、観音様が呪詛と関わります。

河内の国の信吉長者には、長年子供ができませんでした。そこで、清水の観音様にお祈りしたところ、子供を授かります。これが、しんとく丸です。しんとく丸は、観音様の申し子と言えます。しんとく丸は、優秀で容姿にも恵まれていました。そして、蔭山長者の娘・乙姫と相思相愛になります。

ここから、しんとく丸の人生は暗転します。まず、実母が亡くなります。そして、長者は、新しい妻を迎えます。この継母は、実の子を長者の跡取りにするため、しんとく丸に呪いをかけます。その呪いの方法は、観音様に請願し、都の神社に百三十六本もの釘を打ちました。そのため、しんとく丸は、失明するとともに癩病にも侵されます。さらに、父である長者から、家を追い出されてしまい、乞食となり放浪しました。清水の観音様の申し子であるのにも関わらず、観音様は、継母の望みをかなえてしまったのです。

しんとく丸と恋仲であった乙姫は、乞食になって放浪しているしんとく丸を追いました。そして、二人は四天王寺で再会します。二人は、清水寺に詣で、観音様に病気平癒の祈願をしました。すると、病気はすべて治り、元のしんとく丸に戻ります。二人は結婚し、幸福な人生を歩みました。一方、父の信吉長者、継母、その子は、不運に見舞われました。

ここで不思議なのは、継母の願いを聞き入れてしんとく丸に呪いかけた観音様が、しんとく丸と乙姫の祈りを受け入れ、病気を治したということです。なんか矛盾した行動をとっているように思います。唱導の『神道集』では、神の申し子が苦労を経て神なるという話が多くあります。もしかしたら、そのパターンに似ているのかもしれません。ただ、しんとく丸は神にはなっていませんが。しんとく丸は、観音様の申し子ですので、観音様によって苦労の道を歩まされ、最後は救われるというものです。でも、観音様から与えられる苦難は、何も悪いことをしていない、しんとく丸にとってちょっと厳しいような気がするのは、私だけでしょうか。

## ◆丑の刻参りと貴船神社

最近テレビ等で見なくなりましたが、以前は呪いと言えば、丑の刻参りが有名でした。丑の刻、午前一時から三時に、頭に三本のろうそくをつけた異様な格好で、神社の御神木に、呪う相手の藁人形を五寸釘で打ち込むというものです。他人に見られることなく、これを七日間行えば、相手を呪い殺すことができるそうです。そして、この神社のモデルが貴船神社と言われています。

宇治の橋姫のお話しがあります。男に捨てられ嫉妬に狂う宇治の橋姫は、貴船神社にお参りし、生きたまま鬼になる方法を教えてもらいます。その方法とは、異様な格好で、宇治川に二十一日間浸かるというものです。この時の格好が、丑の刻参りに似ています。橋姫は、貴船神社から言われたことを実践し、見事鬼となり、憎い人々を殺していきました。また、前述しました平良門の娘、滝夜叉姫が、父の復讐のため貴船神社にお参りをして、妖術使いになったというお話しもあります。貴船神社は、その意味では、願いをかなえてくれるありがたい神様ですが、復讐のためであっても気にされないようです。

## ◆殺生石

石に呪いがかかっているケースもあります。殺生石です。殺生石は、十四世紀、那須野ケ原に突然出現して、周りの人々に害をなしたそうです。その原因は、九尾の狐です。インド、中国で悪事を働いた九尾の狐は、日本に渡ってきました。日本では、玉藻前として鳥羽上皇（一一〇三～一一五六）の寵愛を受けました。ところが、陰陽師の安倍泰成（一一一〇～一一八三）にその正体を見破られます。そして、九尾の狐は東国に逃げていきました。しかし、上総介広常（生年不詳～一一八四）と三浦介義純（生没年不詳）に追いつめられ退治されます。九尾の狐は、石に姿を変えましたが、これが殺生石です。ただ、鳥羽上皇、上総介広常、三浦介義純は、平安末期の人なので、那須に出現するまで殺生石はどこにあったのでしょうか。

この殺生石は、触れると死んでしまうという怖ろしいものでした。数々の高僧が、調伏を試みましたが、退治することができません。そこで、曹洞宗の僧、源翁心昭（げんのうしんしょう）（一三二九～一四〇〇）が、派遣され、祈って殺生石を打つと粉々になったそうです。その夜、源翁心昭のもとに、狐に堕ちた女が現れ、受戒を申し出ます。源翁心昭が、戒を与えると、女は消えました。京都の真如堂には、この砕かれた殺生石で造られた鎌倉地蔵が安置されています。

## ◆九星術

九星術は、中国古来の占術で、日本に伝えられ、陰陽道と結びつきました。九星とは、一白（いっぱく）、二黒（じこく）、三碧（さんぺき）、四緑（しろく）、五黄（ごおう）、六白（ろっぱく）、七赤（しちせき）、八白（はっぱく）、九紫（きゅうし）で、これらを五行（木、火、土、金、水）と方角に配置し、人の運勢や方位の吉凶などを占います。

方位神（ほういじん）は、九星術による神で、良いことが起る方角である吉神と、悪いことが起る方角である凶神があります。これらの神は、動いて（遊行して）いますので、方角が一定しているわけではないそうです。ただ、吉神の数より凶神の数の方が多いので、困りますね。

吉神の代表は、歳徳神（としとくじん）です。その年の福徳をもたらす神で、正月の門松は、この神を迎えるために行われるものです。節分で、恵方巻を丸かぶりするのもこの方角です。

一方、凶神は怖ろしい神です。その一神である金神（こんじん）は、金星（太白星）、金気の精です。戦争や疫病をもたらすとされます。この方角で、結婚したり、引っ越したりすることは不吉です。この方角を犯すと、「金神七殺（こんじんしちさつ）」という祟りがあるそうです。家族七人が殺され、七人いないと家畜や隣の家にまで災いが及ぶとされました。隣の家もたまったものではないです。

一方、凶神の中に八将神という八柱の神がいます。その一柱が、大将軍です。魔王天王とも呼ばれ、万物を殺伐する怖ろしい神です。大将軍は三年ごとに移動し、その方角は大凶とされました。この方位を犯すと、三年以内に死ぬとも言われています。この大将軍を祀っていたのが、京都の大将軍八神社です。八は、八将神から来ています。怖ろしい神も祀ってしまえば、救済の神様となるのでしょうか。牛頭天王、聖天（歓喜天）、菅原道真などと同じパターンです。明治時代の神仏分離で、祭神は大将軍から素戔嗚尊に、八将神から御子神八柱に代わっていました。ただ、これらの神は、それ以前に習合していましたので、違和感は小さかったかもしれません（京都八坂神社で、祭神が牛頭天皇から素戔嗚尊に変わったのと類似しています）。それにしても、凶神は怖ろしい神ばかりです。

こうした不幸をもたらす怖ろしい凶神は、二十神以上あり、幸福をもたらす吉神よりも多いです。おみくじで凶を引く確率が吉より多いことになるのでしょうか。そうすると、毎日方角を気にすることになります。極端な話、どこへも行けないかもしれません。そのため、目的地に行こうとする方角が凶方位である場合、一旦他の方角へ行ってから目的地へ向かうことが行われました。方違え（かたたがえ）と言います。知人の家で一泊してから、家に帰るなど工夫がされます。それでも、相当面倒です。生活にゆとりがある貴族でないと、このような面倒なことを行うことはできません。庶民が、このように細かい方位まで気にしていたら、生活ができません。

もちろん、一番得をするのは、陰陽師です。アドバイザーとして、貴族から多額の報酬を得ていたことでしょう。当時、生活の苦しい僧が、陰陽師をアルバイトとしてよっていたことも納得がいきます。

## ◆奇術

これまで、ご紹介したのは宗教や占術等、歴史的な裏付けがあるものですが、そうした背景のない呪術があります。ここでは、どう定義して良いかわかりませんので、奇術と称します。『宇治拾遺物語』には、こうした得体のしれない奇術の話が収録されています。以下は、滝口道則（生没年不詳）が体験して、そして習った奇術です。道則は、陽成天皇（八六九〜九四九）の命を受けて、奥羽地方に行く途中、信濃の国のヒクニというところで、郡司の家に泊まりました。そこで、郡司にご馳走してもらいました。その夜、道則は眠ることができなかったので、屋敷を見歩いていると、美しい若い女性が寝ているのを発見しました。郡司の若い妻でした。郡司に心からの接待を受けたのにもかかわらず、道則は欲望を抑えきれず、郡司の妻のわきに寝ました。女は驚くこともなく寝ていました。道則は、服を脱ぎ、女に手を出そうとしたとき変な感じがします。なんと、道則の男の一物が無くなっていたのです。道則は、驚いていると、女は微笑していました。道則は、慌てて寝所に戻りました。道則は、家来にこのことは内緒にして、女のところに行かせました。すると、その家来も同じ目にあって戻ってきました。七、八人の家来に命じましたが、皆同じ目にあって戻ってきました。結局、道則や家来の一物は見つからず、そのまま夜が明けました。

一物が無くなった道則は、訳がわからなくなり、すぐに郡司の家を出発しました。しばらくすると、後ろから追いかけてくる人がいます。郡司の郎党でした。その郎党は、白い紙に包んだものを持っており、これを道則らに渡すよう郡司から指示されていました。道則は、その白い紙の中を見ると、なんとみんなの一物が入っていました。それが、すっと消えると、道則やその家来たちの一物は、元に戻っていました。

道則は、奥州での仕事を終えて帰る途中、再度あの信濃の郡司の家に訪れました。そして、数多くの品物を郡司に与えました。郡司に、この前の不思議な体験を話しました。郡司は、贈り物を貰ったので正直に話しました。あれは、郡司の術だったのです。この術は、郡司が若かったときに、別の郡司から学んだものでした。この郡司も若気の至りで、道則と同じ体験をしたそうです。郡司は、道則にもしこの術を習いたいのであれば、一旦上京して、再度こちらへ来て、習うよう言いました。道則は、その言葉に従い、上京後、術を学びに再び信濃にやってきました。

そして、修行がはじまりました。まず、七日間水をかぶり、心身を清浄にします。そして、山奥に入り、罪の重い誓いの言葉を言いました。仕上げは、川の上流に行き、川に入り、どんなものでも流れてくるものに抱き着くというものです。道則は、待っていると大蛇が流れてきました。道則は、怖くて抱き着くことができませんでした。郡司は、たいへん残念だと言いましたが、道則にもう一度チャンスを与えます。今度は、猪が流れてきました。道則は、たいへん怖ろしかったのですが、勇気をもって、今度こそその猪に抱き着きました。すると、抱き着いたものは猪ではなく、腐った木でした。道則は、最初の大蛇に抱き着かなかったことを後悔しました。郡司は、一物を消す術は習えなくなったが、ちょっとした物を他の物に変える術は教えると言いました。道則は、その術を習って、都に戻りました。道則は、沓を子犬に変えたり、はきものを鯉に変えたりしました。陽成天皇はこのことを聞いて、道則からこの術を習ったそうです。

このお話は、『今昔物語集』と『宇治拾遺物語』に載せられていますが、『今昔物語集』では、この奇術を仏法に反する外道とみなしています。

## ◆算木（さんぎ）の呪い

算木は、木製の小さな角棒で、中国で使用される計算用具です。占いにも利用されますが、実は呪いにも使用されます。『宇治拾遺物語』に、この算木のお話があります。丹後の国の国司、高階俊平（生没年不詳）には弟がいました。その男は、役職にはついていませんでした。あるとき九州に行き、算木を使った占いをする唐人に会います。俊平の弟は、唐人に算木を習いたいと申し出ました。唐人は、少し算木を置かせてみると、俊平の弟の才能を見抜きます。そして、唐に行くことを条件に算木を教えることにしました。そこで、唐人は、算木で病気を治せる一方、人を殺すことができることを伝えました。俊平の弟は、どんどん上達しました。そして、とうとう唐に行くときに、俊平の弟は、急に都に戻る用事が入りました。俊平の弟は、必ず戻ってくると唐人に伝えて都に行きました。都に上がると、兄の俊平など親しい人から、唐に行くことを引き留められました。唐人は、手紙を書いて戻ってくるように言いますが、俊平の弟はなかなか戻ってきません。怒った唐人は、唐に帰る前に、俊平の弟に呪いをかけます。俊平の弟は、ぼんやりして、物事の判断ができなくなりました。そのため、出家して、入道の君と呼ばれるようになりました。算木に、そんな力があるのですね。

俊平の弟は、呪いで物事の判断ができなくなって、出家して入道の君と呼ばれるようになりましたが、その後、ちょっとした活躍をします。庚申の日（庚申信仰で、その日は長寿をねがって徹夜をします）に、女房たちが徹夜をしていた時、入道の君も参加していました。夜がふけるにつれて、女房たちは眠くなっていきました。そこで、ある女房が入道の君に、おもしろい話をしてくれとたのみます。入道の君は、おもしろい話はできないが、笑わせることはできると答えました。そして、算木を取り出します。女房たちは、不思議に思っていると、入道の君は算木を置きました。そして、笑わせましょうと言って、算木を置き換えました。すると、女房たちは笑い出し、それを止めようとしても止まりません。涙を流し、死にそうに思われました。女房たちは、入道の君に止めてほしいのですが、言葉が出ません。そのため、手で合図を送りました。入道の君はそれを察して、並べた算木を壊すと、みんなの笑いは止まりました。算木は、計算や占いだけでなく、人を笑わせることもできるのです。

## ◆囲碁

なんと囲碁にも、不思議な力があるみたいです。『古事談』によりますと、藤原教通（九九六～一〇七五）が危篤のときに、密教僧深覚（九九五～一〇四三）が参上しました。すると、深覚は、教通に囲碁をするようにと言います。周りの人々は冗談だと思いましたが、深覚は何度も言いましたので、周りの人々は教通の左右を抱えて起き上がらせ、囲碁をさせました。すると、囲碁を一局やる間に回復し、人々はたいへん驚いたそうです。

小山聡子氏は、物の怪の調伏に、囲碁、双六、将棋が使われたことを指摘しています。例えば、「餓鬼草子」の出産の祈祷の場面で、双六盤が描かれています。囲碁や双六は、もともと占いから来ていますので、何等かの霊力があるのでしょうか。

現代でも続いているそうですが、親王や内親王が、大地を意味する囲碁盤の上に立つと言う習慣があるそうです。様々な記録で、病気治療のために病人のそばで、囲碁、双六、将棋が行われたことが記されています。中には、今回の『古事談』のお話しのように、病人自身がプレイをしているのもあります。記録では、成功したものもあれば、失敗したものもあるそうです。

# 第八章　怖い神様

## ◆呪術の本尊

密教のところで、呪術における本尊の重要性についてお話ししました。仏・菩薩や明王など、その特徴によって敬愛法、息災法、調伏法などを使い分けます。そして、様々な本尊についてご紹介してきました。この章では、一応仏教、ヒンドゥー教など宗教的なルーツはあるものの、あまりその実態がわかっていない神様をご紹介したいと思います。荼枳尼天、聖天、摩多羅神、荒神などです。これらの神様は、俗にいう「怖い神様」です。これらの神様は、願いをかなえてくれますが、祈り方を間違えると祟られると言われています。お願いをするときには、十分注意が必要です。

こうした怖い神様は、本尊となっている寺社で秘仏（神様ですので秘神）であることが多いです。そのため、私たちは、その像容を見ることができません。ただ、絵画に描かれているものがありますので、それを基に本尊を想像することはできます。

京都真如堂（真正極楽寺）の塔頭寺院、法伝寺の本尊は吒枳尼天（荼枳尼天）ですが、秘仏です。日本最初のもので、空海作と言われています。京都隋心院では、聖天がお厨子の中に秘仏として祀られています。双身だと言われています。これらは誰も見ることができず、写真もないようです。たぶん、寺院の方も含めて現在生きている方は、誰も知らない状況だと思います。島根清水寺の摩多羅神も秘仏でしたが、祀られていた常行堂が雪で倒壊して発見されました。見つかってよかったです。長らく秘仏で特別御開帳がない場合、無くなっても誰も気づかない可能性があります。誰も、その像を知らないからです。

## ◆荼枳尼天

荼枳尼天は、奪精鬼でありましたが、仏教に帰依して護法善神となったとされています。実際、荼枳尼天は、胎蔵曼荼羅の外金剛院・南方で怖ろしい姿で描かれています。それでは、仏教に取り入れられる前はどうだったのでしょうか。田中公明氏は、インドの埋葬地、尸林の女神にその起源を求めます。中世のインドでは、尸林の女神は巫女たちによって祀られていました。彼女たちは、女神の供養を主たる任務としていましたが、そこに訪れる行者と性的な関係を持ったり、死体や血液を用いた黒魔術の儀式を行ったりしていました。そして、彼女らは、ダーキニーと呼ばれました。

また、ダーキニーは、尸林に出没して、死体の肉を喰う女神とも考えられていました。怖ろしい女神ではありますが、仏教に敵対する者を調伏するとされていました。こうしたイメージが、荼枳尼天に投影されているのでしょう。

それでは、どうした人々が荼枳尼天を信仰したのでしょうか。『渓嵐拾葉集』では、仁海と祇園女御（生没年不詳）が挙げられています。仁海と咤枳尼天法との関係については、すでに少しご紹介しましたが、もう少し細かく見ていきます。仁海は、荼枳尼天に秘密の供物をお供えし、千日に渡り荼枳尼天法を修めました。その間、祇園社承仕法師の娘は、仁海に毎日食事を出していました。その結果、仁海は大出世をして僧正になりました。一方、娘は皇后になり、「祇園女御」と呼ばれるようになりました。さらに、仁海は彼女の護持僧となったということです。ただし、このお話は事実関係がおかしいです。仁海と祇園女御は、同時代の人ではなく、百年ほど離れています。また、祇園女御は、白河院（一〇五三〜一一二九）の寵愛を受けていましたが、皇后ではありませんでした。

さらに、『古今著聞集』では、関白藤原忠実（一〇七八～一一六二）が荼枳尼天を信仰したことが記されています。藤原忠実が願望をかなえるため、修験僧（名前はわかりません）に咤枳尼天法を行わせました。ある時、忠実が昼寝をしていると、夢に絶世の美女が現れ、忠実が思わず女の髪をつかむと髪は切れてしまいました。目覚めた後、なんと忠実の手には、髪ではなく、狐の尾でありました。その後、忠実の願望はかなえられたそうです。どのような願望なのかはわかりませんが、忠実は、最終的に保元の乱で敗れてしまい、失脚しました。茶枳尼天法の反動だったのでしょうか。この他、『源平盛衰記』などでは、平清盛（一一一八～一一八一）と茶枳尼天法の関係が記されています。とにかく、異例の成功した人の背後には、茶枳尼天が関わっていたのではないかと思われていたのでしょう。

ところで、茶枳尼天と稲荷とは、混同され、また同一視されることがあります。稲荷は、田の神である宇迦之御魂神（うかのみたま）が主祭神です。それが、どうして茶枳尼天と混同されるようになったのでしょうか。一つは、狐を通じてだと言われています。狐は、稲荷神の使いとされます。なぜなら、穀物を食い荒らすネズミの天敵で、狐の色や尻尾の形が稲穂に似ていることが指摘されます。一方、荼枳尼天も白い狐に乗った姿で表されます。ただ、もともとはジャッカルだったという説もありますが。もう一つの理由は、真言密教の東寺と伏見稲荷の密接な関係です。荼枳尼天は、空海の真言密教によって日本にもたらされましたので、その東寺の鎮守社である伏見稲荷に影響を与えていたことも考えられます。

こうした習合の例として、愛知県の豊川稲荷があります。豊川稲荷は、「稲荷」となっていますが、神社ではなく、正式名が「妙嚴寺」という曹洞宗の寺院です。本尊は、豊川吒枳尼眞天（とよかわだきにしんてん）ですが、いわゆる荼枳尼天で、稲荷と習合することが多かったことから、「稲荷」と呼ばれるようになったと思われます。

本尊は、この寺の寒巌義尹（かんがんぎいん）（一二一七～一三〇〇）に由来しています。二度目の入宋からの船で帰朝のとき、荼枳尼天の加護を受けたのがきっかけとなり、尊崇するようになったと伝わっています。

荼枳尼天は、個人の願いをかなえるだけでなく、国家的な儀式をも担っています。院政期から江戸時代にかけて、天皇の即位に際して、即位灌頂と呼ばれる密教儀式が行われていました。密教が天皇の即位に関わっていたことは驚きですが、灌頂自体、もともとインドの国王の即位式に用いられ、灌頂水という特殊な水を新国王の頭に注ぐものです。これが、インドの仏教に取り入れられ、仏教伝来とともに日本にもたらされました。そして、天皇の即位式に用いられるようになったそうです。その意味では、国家のトップ交代の儀式と灌頂は親和性があります。

灌頂で天皇が行う印相と真言は、密教の主尊大日如来に由来していますが、中には、荼枳尼天の真言がとなえられることもあります。天皇の即位と荼枳尼天が結びつくのは違和感がありますね。荼枳尼天は、怖ろしい障礙神でありましたが、仏教に帰依して護法善神となりました。しかし、障礙神としてのパワーと怖ろしさは維持されています。国家統治には、こうした荼枳尼天の負のパワーも必要だったのでしょうか。

## ◆聖天

聖天は、インドヒンドゥー教の神ガネーシャに起源を持つ神です。ガネーシャ同様、象頭人身で、単身の場合と男女二体が抱き合っている双身の場合との二種類があります。仏教では、「毘那夜迦」として、密教を通じて日本に入ってきました。毘那夜迦は障礙神でしたが、仏教に帰依して、護法善神聖天（歓喜天）として信仰を集めました。当初は、障礙神としてのイメージが強かったのですが、障礙神としてのパワーが評価されたのか、願いをかなえてくれる神様として信仰を集めます。一方、怖い神様として怖れられています。様々な寺社で祀られていますが、前述しましたように、その多くが秘仏で、私たちは見ることができません。見ると祟りがあるそうです。

聖天に祈ると願望は必ず成就すると言われています。その意味では、もっとも願いをかなえてくれる神です。ただ、たいへん危険な要素もあります。願いは叶いますが、その代償が大きいと言われています。例えば、願いが叶った人は、その代償をその人の子孫が払うとも言われています。七代分の幸福を一代でとってしまうという説もあります。利益の先食いですね。また、願いが叶った人が晩年その対価を支払うことになるということもあるそうです。やはり、ただで願いは叶わないのです。さらに、修法はたいへん厳密で、少しでも間違えると罰が受けることになります。また、信仰を止めてしまうこともリスクが高いそうです。このあたりは、荼枳尼天と似ています。

願いが叶った例は数多くあります。例えば、『古事談』に平安時代の貴族で相伊（生没年不詳）という人物に関する奇談が記されています。相伊は、播磨国の地方官になることを希望していましたが、無理な願いでした。ところが、人事異動で執筆が、播磨国への赴任者の名前を書こうとしても、不思議な力で書くことができません。どの人の名前も書くことができません。ところが、相伊の名前だけは書けたと言われています。これは、相伊が心願成就のために、観修僧正（九〇五～一〇〇八）に聖天供を行わせたためだということです。また、『渓嵐拾葉集』でも、ある右大臣の娘が、聖天を祈念したことによって、宇多天皇（八六七～九三一）の后になったという話が記載されています。

それでは、もし聖天の扱い方を間違ってしまった場合、どうすれば良いのでしょうか。この聖天をなだめることができるのが、十一面観音菩薩だと言われています。聖天の怒りをかった場合、十一面観音菩薩にお願いすれば、その怒りをおさめることができるとされています。聖天は、ガネーシャと同じ起源で、毘那夜迦（びなやか）と呼ばれ、象頭人身の障礙神でした。怖ろしい悪事を働いていましたが、仏教に帰依して護法善神聖天（歓喜天）となりました。そのきっかけについては、様々な説話が残されています。パターンは、観音菩薩が毘那夜迦女に変じて、毘那夜迦を改心させたというものです。『覚禅抄』では、この観音菩薩が十一面観音菩薩であると特定しています。こうした伝承から、十一面観音が聖天をなだめるという話が定着したように思われます。聖天は、秘仏ですが、男女双身で造形されることが多いです。このうち女天の方が、十一面観音の化身であると言われることがあります。

一方、聖天がなかなか願望をかなえてくれない場合は、前述しましたが、軍荼利明王の修法によって脅すということが行われます。軍荼利明王は、ガネーシャ（聖天、歓喜天）を調伏したという伝承がありますので、軍荼利明王の修法で、聖天にプレッシャーをかけて願いを実現するというものです。聖天のような怖い神を脅すのは、勇気がいりますが。

聖天は、現在でも様々な寺院で祀られています。ただ、ひっそりと行われていることが多いような気がします。例えば、京都の随心院では、裏本尊のような存在です。随心院は、小野小町が晩年住んでいたと伝わる真言宗のお寺で、本尊は『如意輪観世音菩薩坐像』です。秘仏で、通常簾がかかっていますが、御開帳の期間がありますので、そのときに見ることができます。如意輪観世音菩薩は、密教で重要な尊格です。

ところが、随心院では、如意輪観世音菩薩と同じくらい重要な尊格として、大聖歓喜自在天(だいしょうかんぎじざいてん)、つまり聖天が祀られています。こちらは、完全な秘仏で御開帳はありません。聖天の縁日である毎月一日と十六日に、大根・酒・歓喜団などが供えられ、秘法浴油供が行われるそうです。願いがかなうと言われています。

それでは、どうして随心院で聖天が祀られるようになったのでしょうか。真言密教では、聖天はあまり評価されていませんでした。想像の域を出ないのですが、一つの可能性を考えてみたいと思います。聖天と随心院を結びつける者として、すでにご紹介した仁海が考えられます。実は、仁海は、この随心院の開基です。仁海は、請雨の法を何度も成功させるほど験力の持ち主でした。そして、異例の出世をします。前述しましたように、この験力や出世の理由として、仁海が荼枳尼天を祀ったということが伝えられています。荼枳尼天も聖天も、ヒンドゥー教の神から来ており、凶暴な悪神から善神に変わったという共通の性格を有しています。資料等で、仁海が聖天を信奉したというものはないのですが、何等か関係があったのではないかと思います。

## ◆弁財天

弁才天（弁財天）は、荼枳尼天、聖天と同様、ヒンドゥー教の神から由来していますが、その趣は異なっています。荼枳尼天と聖天は、もともと障礙神であったのが、仏教の力で護法善神となりました。弁才天は、元から善神で、悪神であったことはありません。ただ、なぜか日本では、この弁才天が、荼枳尼天、聖天と同様に考えられたり、習合したりもしましたのでご紹介します。

弁才天は、まさに様々な変容や習合を伴ってきました。もともとは、ヒンドゥー教の水の女神であるサラスヴァティーでした。それが、仏教に取り入れられて、弁才天となり、学問、音楽の神として信仰されます。一方、ヒンドゥー教の女神であるラクシュミーも、仏教に取り入れられ、美や富を顕す吉祥天となります。ところが、この弁才天と吉祥天が習合します。両者が混同されたことも要因となっています。吉祥天との習合の結果、弁才天に、美と富の要素が加わります。

弁才天は、日本の神とも習合します。すなわち、海の神であります宗像三女神の一柱、市杵嶋姫命（いちきしまひめ）と習合します。水つながりでしょうか。さらに、弁才天は、蛇の神であります宇賀神（うがじん）とも習合します。宇賀神は人頭蛇身で、頭が女性であったり、老人であったりする正体不明の神ですが、福徳神として信仰されてきました。宇賀弁財天の誕生です。こうした習合によって、弁才天は、学問よりも福徳の色が強くなり、「才」が「財」に変わり、弁財天に変容していったのかもしれません。

## ◆摩多羅神

摩多羅神は、様々な性格や信仰を集め、非常に複雑な神様となっていますが、もともとは常行堂の守り神としての役割が大きかったと考えられます。『渓嵐拾葉集』第三十九「常行堂摩多羅神の事」には、円仁（七九四〜八六四）が唐から帰国するとき、船中で摩多羅神の声が聞こえて感得し、その後、比叡山に常行堂を建立して勧請したと記されています。そのため、摩多羅神は、天台宗寺院の常行三昧堂に祀られました。僧が修業中に天狗などの魔障に邪魔されることを、摩多羅神が防ぐのです。

一方、『渓嵐拾葉集』では、摩多羅神は荼枳尼天、大黒天（摩訶迦羅天）であると述べられています。荼枳尼天が人間の肝を食べることは、まったくの秘事であり、大黒天が人を奪精鬼から護ると記されています。荼枳尼天は、奪精鬼的な性格を持っていますので、結局摩多羅神は、障礙神的な性格と、そうした悪神から人を護るという矛盾した二つの性格を持つことになります。その意味では、障礙神から護法善神に転化した荼枳尼天や聖天と親和性が高いと言えます。

また、摩多羅神は、京の三大奇祭の一つに挙げられる広隆寺の牛祭（現在は中断）にも登場します。この祭りでは、紙でできた仮面を着けた摩多羅神が牛に乗り、四天王の鬼と共に巡行します。薬師堂前で摩多羅神が祭文を読んだ後、参加者が罵詈雑言を投げかけます。そして、摩多羅神と四天王は堂内に駆け込むという非常にユニークな祭りです。ここでの摩多羅神の役割は、よくわかっていません。さらに、摩多羅神は、邪教として批判され断絶となった玄旨帰命壇の本尊でもありました。これについては、玄旨帰命壇の章でお話しします。

## ◆新羅明神

新羅明神は、三井寺（園城寺）の守護神です。円珍（八一四〜八九一）が唐から帰国するに際して搭乗した船に出現し、自分は新羅明神であり、円珍のために仏法を守護すると誓った神です。そのため、円珍の系列である三井寺の護法神として祀られています。このお話、円仁が摩多羅神に会った話と似ています。

三井寺は、延暦寺と袂を分かれて独立しましたが、当初戒を授けることができませんでした。そのため、三井寺は、再三朝廷に戒壇建立の願いを出します。しかし、比叡山延暦寺のよこやりがあって認められません。とくに、後三条天皇（一〇三四〜一〇七三）は認めませんでした。

そして、抗議のため、三井寺の高僧たちが蟄居しました。その後、後三条天皇は病に倒れます。この病は、三井寺の護法神である新羅明神の祟りだとされ、神罰を怖れた天皇は、新羅明神に弁明を書いた宣誓分を奏上しました。しかし、その甲斐なく崩御されます。この場合、三井寺の僧が新羅明神を本尊として呪詛を行ったのではなく、新羅明神自体が信徒を助けるために自主的に祟りをもたらしたのでしょう。

## ◆三宝荒神

三宝荒神は、日本独自の神ですが、そのルーツについては様々な説があり、コンセンサスは得られていません。その後、陰陽道や仏教の影響を受けて変容していきます。現在では、火と竈の神として、一般家庭の台所で祀られています。ただ、もともとは、その名の通り、荒ぶる神としての性格を持っていました。そして、祟り神としての性格も有しています。

『大荒神経』に、三宝荒神について説かれています。空王如来のもとで、天女が、飢渇神、貧欲神、障礙神という空王如来の三人の使者について述べます。三人は、末世に荒神として顕現して衆生に害をなすことを請願していると説きます。そのとき、この三名が現れ、その請願を認めます。仏は、その請願が、衆生に信仰を勧めるためであり、慈悲と忿怒は車輪の両輪であると説きます。そして、三人は大日如来、文殊師利、不動明王であり、さらに貧瞋痴の三毒あると話します。仏が衆生教化のために、あえて障礙神となるというパターンです。障礙神から護法善神に転化する荼枳尼天、聖天とは、逆のパターンとなりますが、親和性は高いように思います。

また、『勝尾寺流記』では、勝尾寺の開成の三宝荒神の感得について書かれています。開成の夢に八面八臂の鬼神（三宝荒神）が、千万の眷属とともに現れています。そして、それを供祭するというものです。ここでは、最初から障礙神として登場します。そのためか、『神道雑々集』では、三宝荒神は自らを毘那夜迦（聖天）と名乗って、自らを祀らないと災いを引き起すと言っています。三宝荒神は、まさに荼枳尼天や聖天と同じ部類と言って良いでしょう。また、三宝荒神と聖天との同体説は、当時広く受け入れられていました。

## ◆怖い神様の同体説

これまでご紹介した怖い神様ですが、同一視されることが多いです。前述しましたように、摩多羅神は荼枳尼天、大黒天と、三宝荒神は聖天と同体だという説が流布していました。さらに、『北院御室拾要集』では、当時あった摩多羅神像について記載されていて、その造形は三面六臂で、中央は聖天、左は荼枳尼天、右は弁財天を表しているとなっています。四神が合体したようなものです。

実際、こうした合体形が信仰されてもいました。それが、三面荼枳尼天です。三面荼枳尼天と言いますが、中央は宇賀弁財天です。弁財天の頭に宇賀神が乗っています。そして、左に聖天、右に荼枳尼天が配置されています。ただし、荼枳尼天が正面になっているものもあるそうです。どちらにしても、『北院御室拾要集』の摩多羅神像と配置は違いますが、三神は同じです。この三神は、荼枳尼天の造形で多い、狐にまたがった姿で表されています。荼枳尼天と聖天は、どちらも障礙神が仏教によって護法善神になったという似たバックグラウンドを持っていますので、両者が同一視されるのはわかる気がしますが、どうして弁財天が加わったのかはわかりません。ただ、この場合は、通常の弁財天ではなく、宇賀弁財天です。宇賀神が、弁財天と荼枳尼天・聖天を結びつけたのでしょうか。

豊川稲荷で荼枳尼天が祀られるようになったのは、寒巌義尹が二度目の入宋からの船で帰朝のとき、荼枳尼天の加護を受けたのがきっかけとなっています。この話は、円仁が船で唐から帰朝のとき摩多羅神に会った話や、円珍が同じく船で唐から帰朝のとき新羅明神に会ったといった話と似ています。また、同様の話は、延暦寺の守護神赤山明神や、方広寺の守護神半僧坊にもあります。怖い神様が、いろいろなところでつながり、習合しているように思われます。

こうした怖い神様の一部が、邪教とも関係していきます。荼枳尼天は「彼の法」集団と関係しますし、摩多羅神は玄旨帰命壇（げんしきみょうだん）の本尊となります。次の章では、こうした邪教についてご紹介します。

# 第九章　邪教

## ◆愛宕山の天狗信仰

京都の愛宕山は、天狗信仰の拠点と言われています。もともと、修験道の祖である役行者との関係が伝えられ、修験道が盛んでした。天狗は、山に住むと信じられていましたので、山で修行する修験者と親和性が高いからでしょう。

こうした背景には、愛宕山の歴史の影響があります。アンヌ・マリ・ブッシイ氏は、愛宕山が、鳥辺野や化野といった埋葬地と強い関係があったことを指摘しています。そのため、仏教伝来以前から、祖霊信仰として愛宕山に死者の霊が集まると信じられていました。また、愛宕山は、都の中心から見て、東北の比叡山に対応して、西北、すなわち、戌亥の方角にありました。陰陽道によれば、この方角は、神または祖霊が集まる場所でありました。まさに、異界としての性格を持っていたと言えます。そのため、異界としての愛宕山で修行することによって、より高い験力の取得を目指した修験者を引きつけました。こうした背景から、天狗信仰が生まれてきたと考えられます。

保元の乱のきっかけとなった藤原頼長（一一二〇～一一五六）の呪詛疑惑は、愛宕山の天狗信仰に関連しています。近衛天皇（一一三九～一一五五）が突然崩御されますが、頼長が呪詛したという噂が流されました。口寄せで、近衛天皇の霊を呼びますと、何者かが自分を呪うために愛宕山の天狗の像の目に釘を打ったと語ります。そのため、近衛天皇は眼病を患って亡くなったということです。調べてみると、実際、天狗の像に釘が打ちつけられていました。そして、頼長に嫌疑がかけられました。これに対し、頼長は、日記『台記』で反論しています。すなわち、愛宕山に天狗が飛行しているのは知っているが、愛宕山に天狗の像があったことなど知らなかったと弁明しているのです。ここで注目すべきことは、当時、愛宕山で天狗の像が祀られていたという事実と、頼長が愛宕山で天公が飛行していると認識していたことであります。

時代を経て、『源平盛衰記』では、愛宕山の天狗は太郎坊と名付けられました。一一七七年に大きな火事がありましたが、愛宕山の天狗によって引き起されたとの噂が流れ、「太郎焼亡」と呼ばれたそうです。この太郎坊は、全国の天狗の惣領格であるとみなされました。さらに、『太平記』でも、天狗が愛宕山に集まり、天下騒乱を企てるために、話し合う場面があります。

## ◆勝軍地蔵信仰

愛宕山の天狗信仰は、一五世紀後半、勝軍地蔵信仰に発展します。勝軍地蔵信仰は、もともと室町幕府の将軍足利氏に信仰されていました。足利尊氏（一三〇五〜一三五八）が、勝軍地蔵信仰を有しており、それは歴代の足利将軍に継承されました。とくに足利義尚（一四六五〜一四八九）は、応仁の乱により衰退期にある幕府を再興するため、積極的に勝軍地蔵信仰を広めました。そして、この勝軍地蔵信仰が、愛宕山（愛宕白雲寺）と結びつくことになります。

近藤謙氏は、この両者を結びつけた人物として、室町幕府三管領の一つ細川京兆家の細川政元（一四六六〜一五〇七）を挙げています。政元は、熱烈な愛宕信仰者でありました。また、彼は修験道に傾注し、奇行で知られていました。将軍地蔵信仰は、愛宕山の天狗信仰の影響を受け、怪しい信仰になったようです。『足利季世記』に政元について述べられた箇所で、政元が魔の法である飯綱の法や愛宕の法を使い、身の毛もよだつという表現があります。飯綱の法は後述しますが、管狐を使った邪法の一つですので、愛宕の法も同列に述べられています。将軍地蔵信仰は、愛宕曼荼羅によって普及していきますが、この曼荼羅には、天狗の太郎坊も描かれています。

## ◆飯綱の法

愛宕の法とともに邪法とされた飯綱の法ですが、その本尊は天狗の飯縄権現です。『戸隠山顕光寺流記并序（とがくしさんけんこうじるきならびにじょ）』によれば、飯縄権現は、戸隠の住職のところに現れ、「吾は是れ、日本第三の天狗なり。」と言ったそうです。愛宕山の太郎坊が日本第一の天狗ですので、愛宕の天狗信仰とも関係がありそうです。実際、近世の愛宕山白雲寺（現存しません）では、天狗の太郎坊が祀られていた奥院近くに、飯綱権現が祀られていたという記録があります。

飯縄権現は、管狐を操る呪術飯綱の法を授けます。管狐は、竹筒の中に入ってしまうほどの小さな狐ですが、その使い手にしか姿は見えません。この管狐は、霊能力を持ち、未来を予言できる一方、人に憑き病気をもたらすとされています。そのため、飯綱の法は邪法とされましたが、広まっていきます。戦国時代には、上杉謙信、武田信玄などの武将なども信奉したと言われています。さらには、伊賀や甲賀の忍法にも取り入れられたとも伝わっています。

ところで、高尾山薬王院の本尊も、飯縄大権現です。ただし、飯綱の法は本地勝軍地蔵（愛宕山）によるものと解釈し、高尾山の飯縄大権現は不動明王の変化身とされています。つまり、邪法飯綱の法や愛宕山天狗信仰と距離をとっているのです。

また、この高尾山薬王院の飯縄大権現は、不動明王のほかに、聖天、迦楼羅天、荼枳尼天、宇賀弁才天が合体しています。怖い神様の章でご紹介しました三面荼吉尼天は、三尊の合体ですが、今回は五尊になります。聖天、荼枳尼天、宇賀弁財天は、三面荼吉尼天と同じですが、飯縄大権現はこれらに、不動明王と迦楼羅天が加わっています。どうして、これらの神様が不動明王と習合したのかはわかりません。

## ◆真言立川流

真言立川流というと、邪教の代表のように語られます。男女の性愛によって即身成仏を達成しようとするカルト集団として紹介されることが多いです。性魔術などとして、様々なメディアで取り上げられてきました。しかし、彌永信美氏やシュテファン・ケック氏によるこの二十年ほどの研究でわかったことですが、真言立川流は、どうも濡れ衣をきせられたみたいです。

実際、十三世紀前半から十四世紀前半に、荼枳尼天を拝し、ドクロを使った性的儀式を行った集団があったのですが、真言立川流とはまったく別の集団であったそうです。この集団の名前がわかりませんので、彌永信美氏は「彼の法」集団と命名しています。実際、真言立川流は、「彼の法」集団を邪教として批判しています。ところが、高野山の宥快（一三四五〜一四一六）による『宝鏡鈔』などによって、真言立川流自体が、こうしたカルト集団であるかのような印象操作が行われ、邪教のレッテルを貼られてしまいました。その結果、真言立川流は衰退し、江戸時代には消滅してしまいます。このレッテル貼りが、真言宗内のどのような政治的な意図があったのかは、はっきりとはわかってはいません。いろいろな説がありますが、個人的には、彌永信美氏の説に説得力があるように思います。

彌永信美氏の説は、以下の通りです。宥快の『宝鏡鈔』は、あたかも「彼の法」集団と真言立川流を同じとする印象を与えましたが、実は、もう一つ、後醍醐天皇（一二八八〜一三三九）の側近の僧文観（一二七八〜一三五七）も加えられています。これは、怪しい僧の章でご説明しましたが、「彼の法」集団＝真言立川流＝文観という構図の印象操作が行われました。北朝方である宥快にとって、敵は南朝方の文観です。この印象操作によって、文観も妖僧にされてしまいました。真言立川流は、そのために利用されたことになります。この印象操作によって、後代、邪教集団真言立川流の妖僧文観というイメージが定着してしまいました。

本当にひどい話です。

## ◆「彼の法」集団

それでは、邪教とされる「彼の法」集団とは、いったいどのような信仰をしていたのでしょうか。本尊は荼枳尼天で、ドクロも本尊とされていたと言われています。そして、男女交合をもって、即身成仏を目指したと伝わっています。ただ、邪教とされた関係で、この集団の信仰にかかわる文献は焚書されてしまっていて、詳しいことがわかっていません。

唯一の手がかりは、心定（一二一五～没年不詳）の『受法用心集』だけです。その内容は、まさに邪教です。墓場からドクロを持ってきて、それを生きている人の頭のように加工していきます。そして、美女と性交して、その和合水をドクロに百二十回塗りつけます。夜中に、ドクロに反魂香をたき、様々な修法を行います。ドクロの頭上には、何度か金銀箔を貼るのと曼荼羅を描くのとを交互に行います。曼荼羅にも、和合水を用います。ドクロが完成すれば、それを秘密の道場に設置し、お供えをします。行者と女性とドクロ加工職人だけが、この道場に入ることができます。『受法用心集』には明確には記載されていませんが、この道場で男女の性交が行われていたと考えられます。このようにドクロを七年間供養すると、八年目に行者は悟りの境地に達するというものです。さらに、ドクロ自体が言葉を発してお告げをします。

これまでの日本の宗教・宗派と比べてかなり異様です。性的な修法は、密教に内在されていて、例えば『理趣経』などでも、男女の性行為と菩薩の境地が結びつけられています。ただし、これらは、メタファーであって実践を勧めているわけではありません。ところが、「彼の法」集団では性行為の実践が語られています。

したがって、「彼の法」集団の教理は、日本の伝統的な宗教・宗派から、発展してきたものではなく、別のところから来たのではないかと考えられます。すなわち、本書ですでにお話ししました、インド後期密教（無上ヨーガ・タントラ）と関係があるように思われます。前述しましたが、インドで起ったタントラは、仏教では密教として発展しました。発展段階で、インド前期密教（所作タントラ）、インド中期密教（行タントラ、ヨーガ・タントラ）、インド後期密教（無上ヨーガ・タントラ）に分けられます。空海（七七四〜八三五）たちによって日本にもたらされたのは、このうちインド中期密教（行タントラ、ヨーガ・タントラ）です。インド後期密教（無上ヨーガ・タントラ）は、日本の通常の密教では、実践されていません。この無上ヨーガ・タントラは、「性的ヨーガ」などが重要視されるため、誤読されると危険な宗教になる可能性を秘めています。無上ヨーガ・タントラの経典は、漢訳され、日本に入ってきたと言われていますので、こうした経典が「彼の法」集団に影響を与えたのかもしれません。実際、無上ヨーガ・タントラで重要視されるドクロ、和合水、荼枳尼天などが、「彼の法」集団でも重要な役割を担っています。

何度かご紹介しました荼吉尼天ですが、「彼の法」集団や無上ヨーガ・タントラで重要な要素になっていますので、もう一度見てみましょう。荼枳尼天は、空海によって日本にもたらされました。実際、荼枳尼天は胎蔵曼荼羅の外金剛院・南方で、奪精鬼として怖ろしい姿で表現されています。死者の肝を食べることが許されているという伝説もあります。こうした荼吉尼天の性質は、インドの中期密教（行タントラ、ヨーガ・タントラ）によるものです。こうした輸入された荼枳尼天は、日本では狐（稲荷社）などとも結びつき、独自の発展をしていきます。

一方、インドでも中期密教から後期密教（無上ヨーガ・タントラ）に移ることによって、荼枳尼天の役割も大きく変わります。とくに、母タントラ系では主要な尊格になります。ドクロと結びつき、性的儀式の中心となります。もちろん、そこには深遠な仏教的思想があるのでしょうが、表面的には仏教と反するような性の饗宴が行われることになります。ここでの荼吉尼天は、平安時代以降発展してきた日本の荼枳尼天のイメージとは大きく異なっています。しかし、このインド後期密教の荼枳尼天（無上ヨーガ・タントラ）が、「彼の法」集団を通じて、突如日本に登場します。言い換えますと、「彼の法」集団の教義は、インド後期密教（無上ヨーガ・タントラ）から影響を受けているように思われます。

それでは、どのようにして、インド後期密教が日本に入ってきたのでしょうか。彌永信美氏は、『大佛頂廣聚陀羅尼經』に髑髏を使った儀式の記述があることを指摘されています。これと、密教の性的儀式が組み合わさったという説です。しかし、個人的には、インド後期密教の経典（母タントラ）である『ヘーヴァジュラ・タントラ』が、何らの理由で入ってきたのではないかと思っています。インド後期密教の経典は、ほとんど漢訳されていないのですが、この『ヘーヴァジュラ・タントラ』だけ、宋代の法護によって十世紀後半に漢訳されています。これが、『仏説大悲空智金剛大教王儀軌経』になります。想像の域を出ないのですが、この経典が影響しているように思います。

## ◆玄旨帰命壇（げんしきみょうだん）

玄旨帰命壇は、天台宗檀那流から派生した流派で、摩多羅神を本尊とします。邪教とされ、江戸時代に消滅しました。秘密主義を貫いていたため、資料に乏しいです。また、邪教とされましたので、関連書は焚書になってしまいました。そのため、内容は謎につつまれたままです。

玄旨帰命壇は、一般的には次のように紹介されます。玄旨帰命壇は、最初はまじめな流派であったのが、南北朝時代にこの玄旨壇灌頂を受けた円観（一二八一～一三五六）が、淫靡な宗教に堕落せしめ、『玄旨帰命檀法』を伝えたとされます。その原因として、円観が、邪教である真言立川流を大成した文観（一二七八～一三五七）と交流していたことが指摘されています。

ただ、この話は、おかしなところがたくさんあります。まず、円観と玄旨帰命壇の関係はよくわかりません。また、円観は後醍醐天皇に仕えていましたが、南北朝分裂の時は北朝につき活躍します。一方、文観は南朝側です。両者の交流があったのかどうか微妙です。さらに、何度かご紹介しましたが、真言立川流と文観は何の関係もございません。そして、真言立川流は邪教のレッテルをはられた被害者です。たとえ、玄旨帰命壇が真言立川流と交流があったとしても、淫靡な宗教になることはありません。

玄旨帰命壇は、天台宗檀那流から派生したようですが、詳細はよくわかっていません。師から弟子への教えの真髄が口伝面授で行われます。したがって、一般にその教えを知ることができません。これは、玄旨帰命壇だけではなく、当時の天台宗では一般的に行われていたことです。ただ、玄旨帰命壇の場合、より秘密結社的な要素が大きかったように思われます。どんな優れた弟子でも、十二年間師に仕えた者しか伝授されません。そして、この伝授された教えは絶対であり、疑問を投げかけることは禁止されています。教えの内容は、もちろん口外してはならないのですが、誰にも継承する者がいなくて、本人が死ぬような場合は、書を返還するか燃やさなければなりません。まさに、秘密結社のようです。さらに、玄氏帰命壇はこれに秘密の儀式が加わりますので、その神秘性は高まります。そして、その儀式で謎の神、摩多羅神を祀りますので、邪教のような雰囲気を醸し出します。こうした秘密結社のような性質は、「彼の法」集団と共通するものがありますので、邪教のイメージがつきやすいのは確かです。

次に、玄氏帰命壇の道場はどうだったのでしょうか。山本ひろ子氏の『異神』に、この道場の構成について記載されています。まず、祭壇は西に置かれます。主際神は摩多羅神で、その両脇に丁禮多（ていれいた）・爾子多（にした）という二童子が置かれます。摩多羅神が西に置かれるのは、その本地仏が阿弥陀如来だとされているからです。ただし、中央の壇には、法華経を掛けるとともに、お釈迦様と阿弥陀如来の像を掛けます。本地仏である阿弥陀如来が中央に登場します。東方の壁には十界の名号、南の壁には比叡山の神であります山王や天照大神の名号、北の壁には仏菩薩の名号が掛けられます。まさに、神仏習合です。オールスターの神仏が登場しますが、その中心が謎の神である摩多羅神が祀られているのは興味深いです。

儀式は、入壇する、つまり灌頂を受ける受者と、教えを授ける師によって行われます。受者は道場に入る前に起請文を読み上げます。そこでは、摩多羅神に玄旨に背いた場合、罰を与えてくださいと誓約します。ちょっと怖いですね。

道場に入ると、師は受者を率いて、壇の周りを三回無言で回り、摩多羅神に向かいます。そこで受者は茗荷と竹葉を本尊の左右に安置します。茗荷は愚鈍と無明を、一方竹葉は利性と法性を表します。無明と悟りは一体であるという天台本覚思想が、背後で影響しているように思います。

この後、様々な儀礼が行われますが、その中心となるのが摩多羅神と、両脇の丁禮多（ていれいた）・爾子多（にした）による歌と舞です。摩多羅神が太鼓を、丁禮多が小鼓をたたき、爾子多が舞います。そして、舞の歌ですが、左の童子が「シシリシニ、シシリシ」と唄えば、右の童子は「ソソロソニ、ソソロソ」と唄います。ちょっと怪しげな儀式です。

このように玄旨帰命壇は、確かに怪しげな秘密結社のような雰囲気を持っていますが、はたして邪教なのでしょうか。ポイントは、二童子の歌にあります。「シシリシニ、シシリシ」は「理」を、「ソソロソニ、ソソロソ」は「智」を表していると言われますが、裏の意味もあります。「シリ」は大便道の尻を、「ソソ」は小便道を表し、舞は男女の性交を意味していると言われています。煩悩即菩提という考えで、煩悩（男女の性交）の中に悟りを見つけようとするものです。そのため、邪教とされました。

ただし、密教経典（中期密教経典まで）の中には、性交と悟りとを結びつける文脈があることは確かです。しかし、そのときもメタファーとして用いられているだけです。玄旨帰命壇でも、舞を性交のメタファーとして行っているだけで、実際に性交が行われているわけではありません。「彼の法」集団の場合、性交の実践が説かれています。さらにドクロなども用いられます。この「彼の法」集団と比べれば、はたして玄旨帰命壇が邪教なのかどうかは、疑問があるところです。

玄旨帰命壇が廃絶となった直接の理由は、安楽院の霊空（一六五二～一七三九）が『闢邪篇』（へきじゃへん）を著して批判したことによります。真言宗派内での議論になります。ただ、『闢邪篇』での批判も、宗教的見地からのものです。ここでは、邪教のように扱われていますが、これは宗教的な思想の違いからのもので、一般的な邪教といった意味ではありません。最終的には、霊空の意見が通り、玄旨帰命壇は禁断とされ、焚書となりました。

以上、邪教とされた宗派についてご紹介してきました。邪教と言っても、いろいろなレベルがあるかと思います。玄旨帰命壇のように、宗派内での思想的な違いから邪教とされたものから、「彼の法」集団のように、反社会的な実践が行われ、誰が見ても邪教とされるものまで様々です。とくに、「彼の法」集団は、これまでの日本の歴史を振り返っても、かなり異質です。

前述しましたように、インド後期密教が関係しているように思います。次の章は、参考までに、このインド後期密教についてお話ししたいと思います。

# 第十章　インド後期密教

## ◆インド後期密教とは

すでにご紹介した、インド後期密教です。チベット仏教学者プトゥン（一二九〇～一三六四）によりますと、時代によって、インド密教が四つに分けられます。所作タントラ、行タントラ、ヨーガ・タントラ、無上ヨーガ・タントラです。このうち、所作タントラがインド前期密教、行タントラとヨーガ・タントラがインド中期密教、無上ヨーガ・タントラがインド後期密教となります。これらの中で、インド中期密教が日本に入ってきました。一方、八世紀から十一世紀に広まったインド後期密教は、正式には日本に入ってこなく、チベットで普及しました。

後期と中期では、大きな違いがあり、日本の密教の尊格（仏、菩薩、明王、天部）の像容になれた私たちは、チベット寺院に安置されていますす異形の仏像に驚かされます。さらに、後期密教では、動物の生首、ドクロ、血などといった、これまでの仏教観から考えらえないメタファーが用いられています。思想的にも、性を解放し、殺しや盗みを容認したり、原始的な呪術が復活したりといった、これまで否定されてきたものと悟りとを結びつけるものとなっています。表面的にとらえますと、外法とみなされかねないものとなっています。しかし、日本で普及した中期密教からさらに発展したのが、このインド後期密教となります。そこには、より高度な思想があるのかもしれません。

インド後期密教の経典は、父（ふ）タントラと母（も）タントラに分けられます。父母で分けるのはユニークです。父タントラの主尊は、主に忿怒相の仏たちです。この怒りは、内部にある根源的なエネルギーを表しています。母タントラの中心は、女神たちです。ただし、慈悲深い女神の姿ではなく、こちらも忿怒相で、ドクロや生首といったアクセサリーをしています。これらも、生命活動のパワーを表しているそうです。以下では、この二つのタントラについてお話ししていきます。

## ◆秘密集会（ひみつしゅうえ）タントラ

インド後期密教・父タントラの代表が、秘密集会タントラになります。秘密集会タントラを表す曼荼羅は、様々なバージョンがありますが、代表的なものが、十三尊曼荼羅です。五仏、四明妃、四忿怒です。五仏は、日本の金剛界曼荼羅ですと、大日（中央）・阿閦（東）・宝生（南）・阿彌陀（西）・不空成就（北）となりますが、十三尊曼荼羅では、中央が阿閦如来となり、大日如来が東に移ります。つまり、主役が交代することになります。これまでは、大日如来が四仏を統括して、リーダーとしての役割があったのですが、阿閦如来が中央に来ることによって、大日如来の優位性が薄まります。そのため、五仏を統括する新しい仏が登場しますが、これが、本初仏と呼ばれる持金剛です。

また、東寺の立体曼荼羅では、五仏、五菩薩、五明王ですが、十三尊曼荼羅では、菩薩の代わりに明妃が入ります（明王と忿怒は類似しているように思われます）。性的行為が肯定されますので、その関係でしょうか。さらに、四明妃のうち三尊は、貪・瞋・痴の三毒を表します。これまでの仏教では否定されるこの三毒も、秘密集会タントラでは、悟りへの原動力となります。

秘密集会タントラの内容は、これまでの仏教的な価値観と相いれないものです。人間の欲望を抑制するのではなく、それを積極的に評価することになります。殺生、窃盗、愛欲など、仏教戒律に限らず社会的倫理性さえも否定する内容です。もちろん、こうした欲望を肯定することによって、悟りに至るといった高尚な意味があるのですが、あまりにもその内容が具体的であり、実践することには抵抗を覚えるものです。さらに、誤って実践してしまうと、社会的な大きな問題を引き起してしまいます。

もちろん、現在の日本と当時のインドでは、時代的背景も異なります。しかし、日本の仏教に慣れ親しんだ私たちからは、大きな違和感があります。こうした欲望の肯定には、当時のヒンドゥー教で差別されていた人々を取り入れるという意図があったとも言われています。また、イスラム教も徐々にインドに入ってきたことから、その対抗策としても考えられるかもしれません。

## ◆インド後期密教の呪殺

それでは、インド後期密教（父タントラ）の呪殺について見てみたいと思います。奥山直司氏によれば、インド後期密教の尊格の中で、とりわけおぞましい姿をしているのが、ラクタヤマーリ、クリシュナヤマーリ、ヴァジュラバイラヴァの三尊です。ラクタヤマーリのラクタは、赤色の意味で、クリシュナヤマーリのクリシュナは、黒色の意味となります。ラクタヤマーリは、全身が赤く、一面二臂で、髑髏杯や生首のついた宝棒を持っています。一方、クリシュナヤマーリは、全身が青黒く、六面六臂六足で、髪の毛を逆立て、忿怒相です。ヴァジュラバイラヴァは、もっとも複雑な像容で、九面三十四臂十六足です。怒りと恐怖を掻き立てるものです。

これら三尊は、ヤマーンタカと呼ばれ、死者の王ヤマ（閻魔大王の原型）を超える力を持ったものとされています。日本では、大威徳明王として受容されています。さらに、ヤマーンタカは、文殊菩薩の忿怒相の化身とされています。これらヤマーンタカの三尊が、呪殺をはじめとした降伏法の本尊とされたそうです。日本の密教でも、大威徳明王法は、もっとも強力な呪殺の一つです。

それでは、どのように呪殺が行われるのでしょうか。奥山直司氏は、呪殺の一つの例として、『マハーヴァジュラバイラヴァ・タントラ』第二章「一切の修法の成就」を挙げています。まず、呪殺を行う者は、髪を剃り、裸になって南に向き、ヨーガに入ります。そして、大鳩の羽ペンまたは人骨のペンを用いて、墓場から得られた布に毒、血、塩などの汁で、十六に区画されたマハーヴァジュラバイラヴァのチャクラを描きます。これを呪殺の対象者の名前と一緒に二つの火の間に置き、十字の真言で囲み、フーム字を八つ書き、その隅にパット字を書きます。そして、呪殺を行う者は、自分の体に熱いバターを塗って、二つの頭蓋骨の間にヤントラを置いて、三つの竈の上に安置します。最後に、墓場の薪で焼き、左足で踏みつけて十字の真言を唱えます。そうすると、呪殺の対象者がたちまち亡くなるというものです。ドロドロとした感じで、まさに黒魔術のようです。ちょっと複雑ですが、そこが信仰を集める秘訣なのかもしれません。

## ◆浄化タントラ

これまで、インド後期密教の怖ろしい側面についてご紹介してきましたが、もちろん、救済という面もあります。その代表が、死者儀礼について記された父タントラの一つ「浄化タントラ」です。インドでは、仏教に限らず、輪廻が信じられていました。善い行いをすれば、死後、天界や人間界で再生できますが、悪いことをすれば、餓鬼道や地獄に堕ちてしまうというものです。

「浄化タントラ」では、帝釈天がお釈迦様から教えを受けます。帝釈天は、ヴィマラマニプラバという神様が七日前に亡くなったが、現在どうしているか心配で、お釈迦様に問います。

お釈迦様は、ヴィマラマニプラバが地獄で苦しんでいると伝えます。怖ろしくなった帝釈天は、ヴィマラマニプラバや悪をなした人がどうすれば救われるかを、お釈迦様に懇願します。そこで、お釈迦様は、悪いことをしたことを浄化する呪文を帝釈天に授けます。どんな悪いことしても救われると言うのは、倫理的な問題はありますが、死後を怖れる人々には、大きな救いとなったことでしょう。

## ◆無量寿マンダラ

延命長寿の実現を目指したマンダラがあります。その一つが、「無量寿マンダラ」です。「浄化タントラ」の呪文で、一度は悪事の業から逃れられますが、再び悪事を行う可能性があります。そのため、延命長寿で少しでも死を避けようとする動機が生まれます。悪事を行わないようすれば良いのでしょうが、延命長寿に救いを求めるのは、ちょっと違うような気がしますが。また、悟りに至るにも時間が必要で、そのためには延命長寿は重要となります。こちらは納得できます。

ところで、無量寿と言えば、阿弥陀仏の別名で、阿弥陀仏が無限の寿命を持っていることから来ています。ただ、日本では、阿弥陀仏は極楽浄土の主で、この世を嫌い、あの世（極楽浄土）に往くことが人々の望みとなります。そのため、阿弥陀仏と延命長寿は、どちらかというと相反する傾向にあるように思います。その意味では、延命長寿のマンダラが、無量寿マンダラであることは興味深いです。ただし、この無量寿マンダラ、主尊は、阿弥陀仏ではなく、金剛手です。阿弥陀仏は、金剛手の周りに配置されます。

## ◆チャトゥシュピータ

それでは、次に母タントラに移ります。輪廻からの解脱は、インド思想や仏教にとって究極の目的です。しかし、なかなか修行が成就することは難しく、永久の輪廻を繰り返す結果となります。しかし、インド後期密教母タントラの経典『チャトゥシュピータ』では、すぐに解脱できる方法を紹介しています。解脱のチャンスは、死を迎えるときです。この経典によりますと、人間の意識（魂のようなものでしょうか）は、胸の八葉の蓮華座の中央にあるとされる「卵房」という臓器にあります。死の時、この意識が肉体から離れますが、どこから出るかで、次の再生の世界が決まります。以下の通りです。

眉間→色界
臍→欲界
頭頂→高められたる住処
眼→人間界
鼻→夜叉の世界
耳→様々な神通を備えた成就の神の世界
口→餓鬼界
尿道→畜生界
肛門→八大地獄

頭頂の「高められたる住処」が解脱となるそうです。死ぬときは、頭頂から出ましょう。お尻からだと大変なことになります。このあたり、チベット仏教への影響が感じられます。チベット仏教でも、臨終時が解脱の最大のチャンスだとされています。そのため、『チベット死者の書』が書かれ、臨終時に「枕経」として読まれます。

それでは、この『チャトゥシュピータ』の儀礼はどのように行われるのでしょうか。儀礼に使われるマンダラは、ジュニャーナーダーキニーを主尊とした十三の女神から構成されます。このマンダラの周囲に男女の行者が集まり、酒を飲み、肉を食らい、性交を楽しむ饗宴が催されます。私たちが想像する仏教とは、だいぶかけ離れています。

様々な宗教的儀礼が行われますが、その中に、ドクロ杯の中に盛られた五甘露と酒を加持するものがあります。また、供物の中に牛肉があるのは、興味深いです。ヒンドゥー教では、牛は神聖な動物で、牛肉を食べるなどといったことは考えられません。当時、インドで牛肉を食べている集団があったのですね。

## ◆ヘーヴァジュラ・タントラ

インド後期密教母タントラの代表である『ヘーヴァジュラ・タントラ』では、お釈迦様が、とんでもない破戒を命じます。すなわち、殺戮、虚言、窃盗、強姦などです。お釈迦様がこんなことを言ったとは信じられません。この世のものは虚構であることを知らしめるためだと思われますが、極端です。また、驚かせて、その思想に引き込むという効果もあるのかもしれません。インド後期密教の尊格の像容が異様なのも、こうした効果を狙ったのかもしれませんが。私たち日本人の感覚では、仏教徒が絶対言えないものになっています。多様性を認め様々な宗教や思想も吸収した仏教でありますが、このレベルはいかがなものでしょうか。

次に、『ヘーヴァジュラ・タントラ』の儀礼ですが、本当におぞましいものです。墓場や死体への執着と酒池肉林が混在したようなものです。まず、死体を食べることが説かれます。とくに、絞首刑になった者や戦死者が勧められます。儀礼に使用する絵画を描く際には、ドクロを絵具の容器として、絵筆は死体の髪の毛を使います。画家は、裸で、人骨で作った装身具を着けて、酒を飲んで、不浄なものを食べて描きます。そして、画家の左側には、美しい女性をはべらせます。人気のないところで、儀礼が行われます。曼荼羅が設置されますが、座を作るのに死体も利用されます。行者は、八人の十二歳または十六歳の女性を招き入れ、抱擁や接吻などが行われます。精液が曼荼羅にかけられ、女性たちも飲まされます。そして、性的な饗宴が行われていくというものです。これは、思想的なメタファーではなく、あきらかに実践の手引きです。これまで、日本の呪詛についてお話ししてきましたが、ここまでおぞましいものはあったでしょうか。これが、仏教の名の下で説かれていたと思いますと、驚愕するものです。

この『ヘーヴァジュラ・タントラ』は、後期密教経典としてはめずらしく漢訳されています。そのため、日宋貿易などを通じて日本に入ってきて、「彼の法」集団の教義に影響を与えたのではないかと思います。

# 第十一章　現存する呪術

## ◆現代も続く呪術

最後に、現代も続いているいくつかの呪術をご紹介して、本書を締めくくりたいと思います。中には、現在ではほとんど廃れてしまっているものもありますが、少し時代を遡るとたいへん人気となっていたものです。こうした呪術は、科学がこれだけ発達した現代でも続いており、たぶん、将来も形を変えて存続するものと考えられます。逆に言いますと、どんなに時代が変わっても人は呪術を必要としているのかもしれません。

## ◆犬神

犬神は、すでにご紹介した蠱毒（こどく）の一種です。犬神信仰は、西日本に多く広がっていました。犬を頭だけを出させて生き埋めにし、目の前に食べ物を置いて飢餓状態にします。そして、その犬の首をはねると、その首は置かれた食べ物に食らいつきます。この頭部の遺骨を祀ることによって、犬神の呪いを使うことができます。この犬神によって、願望をかなえることができますが、扱い方を間違えると自らを滅ぼすほど強力な呪力です。犬神使いは、家族で継承されますので、その家は、犬神持ちと呼ばれ、近所の人々から避けられます。

ただし、この犬神の姿は、一般の犬ではなく、ねずみやもぐらのような形状をしています。個人的な感想ですが、これは管狐に似ているように思われます。管狐は、東日本を中心に信仰された飯綱の法で使役される動物です。犬神は、犬神使いに使役されて人に憑き、管狐も飯綱使いに使役されて人に憑きます。両者は、何か関係があるのかもしれません。西日本に流布する犬神と、東日本に流布する管狐、なんか似ていますね。

## ◆いざなぎ流

いざなぎ流は、陰陽道などを取り入れた民間信仰で、高知県香美市物部町（旧：物部村）が発祥地です。小松和彦氏が、フィールドワークを通じた貴重な研究をされています。このいざなぎ流には、呪詛の原型のようなものがあるように思いますので、少し詳しく見ていきたいと思います。

祭儀は大夫と呼ばれる宗教家によって行われます。ただ、大夫は専業の職業ではなく、通常は別の職業についています。大夫は世襲ではなく、弟子をとって継承されていきます。いざなぎ流には呪術的要素があり、これが注目され、いざなぎ流が全国で知られるようになったこともあります。とくに、同地方にある犬神信仰とも相まって、注目されました。

大夫は、病気などの治療に祈祷を用います。病気が通常の治療でなかなか治らない場合は、その原因を祟りや呪いに求めます。祟りは、病気の者が、神や祖霊に何か失礼なことをしたかどうかが問題となります。この場合、その行為に対して、謝罪を示すことによって解決されます。呪いは、誰かから恨みを持たれた場合です。この場合、恨んでいる相手が呪詛を行っている場合だけでなく、その恨む心自体が病気を引き起こすこともありますので問題は複雑です。こうした信仰は、平安時代や鎌倉時代には全国でありましたので、いざなぎ流は、こうした歴史を継承しているように思います。

いざなぎ流には、小松和彦氏によって紹介された呪詛（すそ）の祭文があります。この内容は、まさに呪詛や呪詛士とは何か考えさせるものです。内容は以下の通りです。

釈尊（お釈迦様かどうかはわかりません）が国を統治していたとき、妃が病気になります。釈尊は、神仏に七十五品の珍品を献上するので妃を助けてほしいと祈ります。そして、七十五品を持ってきたものに国を渡すと約束しました。そこに、釈尊の弟の提婆王が、七十五品を持って現れます。そして、釈尊に息子が生まれ、その子が七歳になるまで、提婆王が国を統治するということになりました。その後、釈尊に男の子が生まれました。これが、釈迦王です。釈迦王が七歳になったとき、民衆は提婆王に対して国を釈迦王に返すよう迫ります。ところが、提婆王はそれを嫌がり、弓比べで勝った方が国を統治するという提案をします。釈迦王は承諾し、二人は弓比べをしました。その結果、釈迦王が勝ち、国の統治をすることになりました。敗れた提婆王は、行脚修行に旅立ちました。

釈迦王に敗れて行脚修行に旅立った提婆王には、妃がいました。この妃は、夫を失って釈迦王を逆恨みします。釈迦王に呪詛をかけようと様々なことを行いますが、うまくいきません。そうした中、彼女は「逆さま川」で呪っていると、「唐土じょもん」という術士が通りかかりました。唐土じょもんは、妃が呪詛を行っているのを見て、それはやってはいけないことだと諌めました。ところが、唐土じょもんは妃に言いくるめられ、なんとたくさんの品物と引き換えに、釈迦王を呪詛しました。その結果、釈迦王は重病になってしまいました。釈迦王の八万四人の弟子の第一の弟子であるこうてい菩薩は、釈迦王に逆さま川を通る唐土じょもんに会うように勧めます。釈迦王は、逆さま川で待っていると唐土じょもんが現れました。釈迦王は、さっそく唐土じょもんに病気の原因を尋ねます。占いによって、誰かの恨みをかっていることがわかりました。そして、その原因が提婆王の妃の呪詛にあることを釈迦王に伝えました。

唐土じょもんは、提婆王の妃の依頼で釈迦王を呪ったのですから、原因を占わなくてもわかっていたはずです。また、原因を釈迦王に告げましたが、自分が呪詛を行ったことは言っていません。唐土じょもんは、食えない人です。

釈迦王は、唐土じょもんに病気を治してほしいと頼みます。唐土じょもんは、提婆王の妃に要求したのと同じ品物を受け取ることを条件に引き受けます。唐土じょもんは、相手に呪いを返すという、呪詛の一掃返しを行いました。その結果、釈迦王の病気は治りましたが、今度は提婆王の妃が病気になります。何も知らない妃は、唐土じょもんの助けを求めて、逆さま川で彼を待ちます。妃が、病気の原因を聞くと、唐土じょもんは呪詛返しが原因だと伝えました。妃は、呪詛返しを頼みますが、唐土じょもんはできないと言います。その代わり、呪詛の祝い直しの法を勧めます。再び、妃から多くの品物をもらうと、唐土じょもんは、この法で妃の病気を治しました。

ここでも、唐土じょもんは、妃への呪詛返しを自分がやったことを言いません。そして再び多くの品物を得ます。また、呪詛返しのさらなる返しはできないことがわかります。その代わり、祝い直しの法があります。それならば、釈迦王の病気を治すときに、呪詛返しではなく祝い直しの法を使えばよかったように思います。しかし、それでは唐土じょもんの商売にならないのです。結局、この話では、唐土じょもんは、敵対する釈迦王と提婆王の妃から、三度品物をもらうことできたということです。釈迦王と提婆王の妃は、何も得るものはなく、ただ唐土じょもんに支払っただけです。呪いよりも、呪術師の商売根性の方が怖ろしいです。

この話は、多くの示唆を与えてくれます。唐土じょもんのような呪術師は、表面的には呪詛はだめだと言いますが、結局引き受けます。そして、自分が呪詛を行っても、そのことは口外しません。依頼人も自らが呪詛を依頼したなどと口外することはありません。しかし、呪術師は、依頼人の情報を別の依頼人に提供してしまいます。それによって、呪詛の連鎖が生まれ、呪術師が儲かる仕組みとなっています。この呪詛の祭文ような話は、実際様々な時代で、様々な場所で行われていたのでしょう。法師陰陽師や怪しい修験者などは、こういった商売をしていた可能性はあります。

## ◆隠し念仏

隠し念仏は、浄土真宗から異端視された宗教集団で、現在でも東北地方で信仰されています。似たような名前の集団で「隠れ念仏」と呼ばれるものがありますが、まったく違う団体です。隠し念仏は、もともと浄土真宗から派生したと言われていますが、その経緯は諸説あり詳しいことはわかっていません。また、隠し念仏自体もいくつかの派に分かれていきましたので、教義も地域によって異なっています。異端視されましたので、秘密主義で外には出ず、それぞれの地域で土着していったのでしょう。深く潜伏していますので、一般の人々には、誰が信者なのかまったくわかりません。さらに、信者は通常別の宗派に属しています。とくに曹洞宗が多いと言われています。したがって、信者を見分けることは非常に難しいです。信者も、隠し念仏の儀式やそこでの体験は絶対口外しないよう言いつけられています。信者が亡くなりますと、表向き（檀家）の宗派のお寺で葬儀が行われますが、その後隠し念仏の信者だけで集まって、独自の葬儀を行うそうです。まさに秘密結社みたいです。

隠し念仏で特徴的なのは、灌頂儀式であるオトリアゲです。五〜十二歳のころに行われるそうです。善知識（導師）が中心となって行われます。通常の浄土教では、善知識は臨終行儀の役割を果たすのですが、ここでは別の役割があります。念仏だけでなく、呼吸法を行い、印を結び、真言を唱えるなど、通常の浄土教とは違っています。入信者は「助けたまえ」と頼みますが、これを呼吸法、印、真言などを入れて行いますので、相当心身ともつかれます。一種のトランス状態になるまで行います。そして、善知識が「助けた」と言って終わります。この瞬間、阿弥陀如来が入信者の口から体内に入るそうです。儀式の内容は、絶対秘密とされています。

隠し念仏の本尊は、空海（七七四〜八三五）、覚鑁（かくばん）（一〇九五〜一一四四）、親鸞（一一七三〜一二六三）とされていますので、真言密教の影響が大きいように思います。とくに、覚鑁は、真言宗の僧でありながら、浄土教に惹かれた僧ですので、関係が深いのかもしれません。また、儀式でも、印を結んだり、真言を唱えたりしますので、浄土教というよりは密教に近いような気もします。

## ◆一之宮貫前神社と無言神事

群馬県にある一之宮貫前神社は、たいへん古い歴史を持った神社で、創立は安閑天皇の元年

（五三一年）とされています。祭神は、物部氏の氏神である経津主神（ふつぬしのかみ）で、刀剣、武道の神様として信仰を集めています。

この神社の神事に、「御鎮（おしずめ）神事」があります。深夜に神社の後にある御鎮さんの塚に、お供え物を納めるという儀式です。名前の通り、神事の最中に絶対に言葉を発してはいけないと言われています。もし、話してしまいますと神罰で死んでしまうという怖ろしい神事です。そのため、無言神事と呼ばれています。実際に言葉を発して亡くなった人々の話が伝わっています。ある宮司が、神事の最中に火の元が心配になり、「火は大丈夫か」と聞いてしまい、翌日に亡くなったと言われています。あるいは、ある人が神事で「あっ」と言ってしまって、その場で亡くなったというお話しもあります。神罰を受けるのは、人間だけではなく、神社の神馬が嗚いただけで、即死したとも言われています。命がけの神事ですね。ただ、この無言神事、一之宮貫前神社以外の神社でも行われています。

## ◆山蔭神道（やまかげしんとう）の大神呪

古神道の一つであります山蔭神道は、国学者・本田親徳（ほんだちかあつ）の「一霊四魂」に基づいて、病気の原因を分類します。「一霊四魂」とは、人が荒魂（あらみたま）、和魂（にぎみたま）、幸魂（さきみたま）、奇魂（くしみたま）という四つの魂から成っていることを言います。荒魂はエネルギー、和魂は穏やかさ、幸魂は優しさ、奇魂は知恵を表します。それぞれの力に問題が生じたときに病気になります。

こうした病気を治療するために、祓や人型などを使った祈祷などが行われますが、最大の呪は、大神呪「アジマリカン」です。この大神呪は、あらゆるものを浄化する力を持っており、万能の言霊と言えます。この「アジマリカン」の意味については諸説があって、コンセンサスが得られていません。ただ、この世ができる原初からあった言葉で、神や神を賞賛する言葉みたいです。その万能性は、浄土宗や浄土真宗の「南無阿弥陀仏」に近いかもしれません。

# おわりに

日本の呪詛・邪教について、歴史的に俯瞰してきましたが、いかがだったでしょうか。呪詛は、様々な宗教や神を取り込んで、変容を繰り返してきています。古いものは廃れても、また新しい呪詛が生まれてきます。そして、この新しい呪詛は、これまでの呪詛と断絶したものではなく、歴史的な流れの中でつながっています。今後、どれほど科学が発展しても、呪詛は変容を繰り返し、無くなることはないでしょう。

本書は、様々な呪詛の概要についてご紹介してきました。もし具体的な呪詛の真言・咒や儀式などについてご興味なある方がいらっしゃいましたら、『神仏秘法大全』をお勧めします。ただ、現代語になっておりませんので、少し読みにくいかもしれません。

最後までお付き合いいただき、ありがとうございました。

## 参考文献


アンヌ・マリ・ブッシイ（一九七八）「愛宕山の山岳信仰」『近畿霊山と修験道』名著出版：一〇二～一三九頁。

彌永信美（二〇〇四）「立川流と心定『受法用心集』をめぐって」『日本仏教綜合研究』二巻。

彌永信美（二〇一八）「いわゆる「立川流」ならびに髑髏本尊儀礼をめぐって」『智山學報』第六十七巻第八十一号。

梅原猛（一九八一）『隠された十字架～法隆寺論～』新潮文庫
柄澤照覚（二〇〇〇）『神仏秘法大全』八幡書店（復刻版）。

奥山直司（二〇〇五）「呪殺の冥王たち」『インド後期密教上』春秋社。

小田悦代（二〇一六）『呪縛・護法・阿尾奢法～説話にみる僧の験力～』（日本宗教民俗学叢書九）岩田書店。

川﨑一洋（二〇〇六）「「死」を「悟り」に転化する」『インド後期密教（下）』春秋社。

小松和彦（二〇一四）『呪いと日本人』角川文庫。

小山聡子（二〇二〇）『もののけの日本史』中公新書。

近藤謙（二〇一三）「愛宕山勝軍地蔵信仰の形成－中世神仏習合像の一形態－」日本宗教文化史研究一七（二）：九六～一一二頁。

桜井宗信（二〇〇五）「死者の救済と後生安楽を目指して」『インド後期密教上』春秋社。

立川武蔵（一九九二）『はじめてのインド哲学』講談社現代新書。

田中公明（二〇〇六）「般若・母タントラの原形」『インド後期密教（下）』春秋社。

田中貴子（二〇〇三）『『渓嵐拾葉集』の世界』名古屋大学出版会。

田中貴子（二〇〇六）『外法と愛法の中世』平凡社ライブラリー。

辻本臣哉（二〇二三）『ちょっと怖い京都寺社巡り』アメージング出版。

豊島泰国（一九九八）『図説日本呪術全書』原書房。

宮家準（二〇二一）『修験道－日本の諸宗教との習合』春秋社。

森雅秀（二〇〇六）「聖と性の饗宴」『インド後期密教（下）』春秋社。

守山聖真（一九六五）『立川邪教とその社会的背景の研究』国書刊行会。

山本ひろ子（二〇〇三）『異神』ちくま学芸文庫。

山本ひろ子（二〇一八）『変成譜～中世神仏習合の世界～』講談社学術文庫。

辻本臣哉（つじもと・しんや）
30年以上国内外で資産運用業界で働き、現在（株）柏総合研究所代表取締役。
在野で仏教を研究。博士（仏教学）。
著書に『死んだらどうなるか 』(つむぎ書房)、論文に「神仏習合から反本地垂迹説への展開 ー実者神肯定の歴史ー」、「迎講と来迎図ー山越阿弥陀図の画因についてー」(『武蔵野大学仏教文化研究所紀要』)、「天台本覚思想と時間」、「シンガポールにおける仏教の現況」（『印度學佛教學研究』）など多数。

呪いと邪教

2024年12月9日　　第1刷発行

著　者——— 辻本臣哉
発　行——— つむぎ書房
〒103-0023　東京都中央区日本橋本町2-3-15
https://tsumugi-shobo.com/
電話／03-6281-9874
発　売——— 星雲社（共同出版社・流通責任出版社）
〒112-0005　東京都文京区水道1-3-30
電話／03-3868-3275

ISBN 978-4-434-34907-2